Volar CON ALAS PROPIAS

Volar
CON ALAS PROPIAS

*Porque la felicidad
es una decisión*

Ángeles Conejo

Título: Volar con Alas Propias

Sub-título: Porque la felicidad es una decisión.

ISBN # 978-1-63895-000-4

Para cualquier solicitud, escribe a:

nglsconejo@gmail.com

https://www.facebook.com/angeles.conejo.7

Damas Emprendedoras Publishing

Teléfono: +1 (916) 308 3540

*editorialemprende*dores@gmail.com

Primera Edición

Impreso en USA

ACERCA DE LA AUTORA
Ángeles Conejo Mosqueda
(Guanajuato-México, 1975)

Se define a sí misma como "una aprendiz de la vida" que escribe para sacudir los sentimientos que le inundan el alma. Como madre y abuela, se enfoca en cortar con los patrones nocivos que se transmiten en las familias por generaciones.

Actualmente radica en Salt Lake City Utah, donde se dedica a mejorar la calidad de vida de los adultos mayores como Asistente de Enfermería en una Unidad de Rehabilitación y Cuidados a Largo Plazo. Es:

Enfermera titulada de la Escuela Enfermería General y Obstetricia, Universidad de Guanajuat.

CNA (Asistente de Enfermería Certificada) autorizada por el Departamento de Salud de Utah.

Especialista en Demencia, Universidad de Carolina del Sur.

Especialista en Primeros Auxilios para la salud Mental en Estados Unidos, certificada por el Consejo Nacional para la Salud Conductual.

Asesora de Asalto Sexual, UCASA.

Miembro de Mentes Activas Utah.

Voluntaria Comunitaria a través de Conexión Latina.

Miembro de la Mesa Directiva de Mujeres Unidas de Utah, donde trabaja de la mano con un maravilloso equipo en la planeación, organización y ejecución de eventos para unir y apoyar a las mujeres latinas.

Como escritora, cuenta con los siguientes galardones:

Ganadora 2° lugar, The Sor Juana Prize 2020.

Participante de Poesía en Español en eventos de Utah Humanities y Artes de México en Utah.

Finalista de 52 Retos Poéticos, Utah.

AGRADECIMIENTOS

Gracias a Dios por el regalo de la vida, y por la oportunidad de ver éste día.

Para llegar a ser la mujer que hoy en día soy, pasé por innumerables situaciones; conocí a personas increíbles que se quedaron a mi lado hasta la fecha, mientras que a otras solo las vi un par de ocasiones, como si sólo hubieran llegado para darme las señales, instrucciones y guía que necesitaba para continuar. Agradezco al Universo por cada una de ellas.

A mi madre, Lucina Mosqueda Vargas, quien hoy me acompaña a pesar de la distancia…Gracias por darme la vida, los cuidados, y el amor necesarios.

Gracias a mi padre, hasta el cielo…

Gracias a mis amistades, por las risas en los momentos felices, por los abrazos en tiempos de tormenta, y por respetar mis silencios, mi espacio, mi tiempo y mis sueños.

A mis hijos Humberto, Miriam Alejandra y Jesús Daniel, por elegirme, apoyarme y amarme aún después de equivocarme.

He atesorado una frase desde hace algunos años…

¡A seguir aprendiendo! Porque el amor puede con todo, ¡excepto con la ignorancia!

¡Gracias, gracias, gracias!.

DEDICATORIA

Este libro viene a ser un cierre de ciclos, para cortar con los patrones dañinos que se han repetido en mi familia por generaciones. Es un testimonio de vida; una confesión de los errores cometidos y de sus consecuencias, así como de las lecciones aprendidas.

Hoy que empiezo a despertar, agradezco infinitamente lo vivido, y con amor, abrazo el cambio.

Dedico este libro…

A mis hijos: Jesús Daniel, Miriam Alejandra y Humberto; a las parejas que con amor han elegido, así como a mis nietos y a sus descendientes…

Es un testamento de aprendizaje que les dejo con mucho amor.

A mi madre, y a cada mujer que al verse en el espejo no encuentra su reflejo, sino las etiquetas que otros le impusieron desde temprana edad…

A las que decidieron callar y repitieron patrones no deseados…

A aquellas que se sienten solas y esperan encontrar su felicidad en adicciones…

Perdónate, acéptate y ámate… ¡Te lo mereces!

Aunque las circunstancias te hayan querido cortar las alas, levántate una vez más… ¡Y vuela tan alto como puedas!

Contenido

Presentación

Hace mucho tiempo que me hago la misma pregunta, una y otra vez:

¿Cómo sería el mundo si,
en vez de maltratar y menospreciar a los demás,
lleváramos amor, cariño y comprensión
a través de nuestras palabras y nuestras acciones?

Quizás suene a fantasía, pero yo estoy convencida de que vale la pena intentarlo; creo en el poder de transformación del ser humano, y en que este puede cambiar en el momento que lo decida.

Me llamo Ángeles Conejo; soy enfermera de profesión, asistente de Geriatría, hija, hermana, amiga, madre y abuela; en cada uno de estos roles he aprendido a descifrarme, como si yo fuera mi propio acertijo, y hoy me siento orgullosa y feliz de haber encontrado por mí misma mis propias respuestas.

Lo que aprendemos de nuestros mayores afecta de forma inconsciente la manera en que nos relacionamos con la vida y con nosotros mismos; no es fácil despojarnos de las creencias que nos han inculcado desde niños, pues las palabras y las acciones de quienes amamos tienen el poder de moldearnos, para bien o para mal.

En la escuela me enseñaron a conjugar los verbos: aprendí que existe el presente, el pasado perfecto e imperfecto y el futuro que nunca llegaba; pero no me enseñaron que lo imperfecto del pasado se mete en tu presente, llenándolo de incertidumbre, de nostalgias y expectativas, provocando un interminable caos en el futuro que con cada amanecer llega hasta tu puerta.

Mientras escribía el poema de mi vida, descubrí que no puedo conjugar el verbo "amar" cuando se ha quedado en un pretérito imperfecto, mientras yo sigo caminando hacia el futuro. Hoy sólo conjugo los verbos "me amo" y "soy suficiente", y cada día vivo a plenitud este presente, sin pretender que sea perfecto.

Dejar de repetir los errores del pasado no solo es una decisión que cada uno puede tomar, sino también una responsabilidad.

No importa lo que te haya tocado vivir: siempre podrás cambiar el rumbo de tus pensamientos y tus acciones, para descubrir el ser maravilloso que habita dentro de ti; así me lo ha demostrado mi propia experiencia, y por eso he querido compartir contigo el relato de mi vida.

Este libro viene a ser un cierre de ciclos… Una confesión de los errores cometidos, así como de las consecuencias y las lecciones aprendidas… Un testimonio de vida para mi familia, principalmente mis hijos y sus descendientes… Un recordatorio de que nunca es tarde para tomar la decisión de hacer los cambios que nos lleven a convertirnos en una mejor versión de nosotros mismos.

Aquí te muestro lo que realmente soy: una mujer vulnerable que decidió dejar de ser víctima para hacerse responsable de sus actos y sus consecuencias, despertando y fluyendo hacia luz del conocimiento. Deseo que las experiencias y reflexiones aquí compartidas te ayuden a mejorar tu vida y tus relaciones.

Yo logré romper el círculo vicioso del maltrato intrafamiliar, y estoy aquí para demostrarte que tú también lo puedes lograr.

¡Hoy puedo gritarle al mundo que me amo! Mientras Dios me conceda la vida, ¡hay Ángeles para rato!... Porque con mi nombre me dieron un par de alas para seguir volando....

Con todo mi afecto,
Ángeles

1.
LAS RAÍCES DE MI ÁRBOL

El poder no tiene

ni la mitad de la fuerza

que posee la dulzura…

Leigh Hunt

Nací en Irapuato (Guanajuato-México), ciudad conocida como "la Capital Mundial de las Fresas"; no conozco mucho acerca de mis orígenes, pero sé que, para comprender el árbol, es necesario comprender sus raíces. Por ello, en las siguientes líneas te comparto lo poco que conozco sobre mis ancestros:

Aurelio Mosqueda, mi abuelo materno, falleció cuando mi madre tenía ocho años; por lo que ella nos comparte, fue un padre amoroso y un excelente proveedor.

Cuando él murió, mi abuela Dolores Vargas (mamá Lola) se vio obligada a trabajar, sin tener conocimientos de un oficio y sin ningún grado educativo, llevando consigo a las cuatro hijas mayores, que solamente terminaron la primaria.

Lucina, mi madre, fue la cuarta de ocho hermanos, y aun no tenía edad para trabajar; entonces se quedaba en casa cuidando a los tres más pequeños.

Mamá Lola no se caracterizaba por ser cariñosa, y ese defecto se le acentuó al quedar viuda; vivía presa de un carácter de los mil demonios, y cuando se ponía furiosa les aventaba a sus hijos lo que se encontrara en el camino. En una de esas ocasiones, le lanzó a mi mamá un carrizo y casi le saca un ojo. Todavía tiene la marca.

Mi madre recuerda con tristeza que le faltaron abrazos y un "te quiero" (yo diría que muchos) de parte de mi abuela; sin embargo, yo no culpo ni juzgo a Mamá Lola; debe haber sido muy difícil quedarse viuda, sin bienes ni fortuna y con varios hijos, incluso la más pequeña aún de brazos.

Vivían en casa de los padres de Mamá Lola; la familia se dedicaba a fabricar suelas para los zapatos, canastas de carrizo para recoger fresas y también vendían flores en el mercado.

En cuanto a la familia de mi padre, mi abuelo, Don Jesús Conejo, (a quien llamábamos cariñosamente Papá Chuche), era de Pachuca, estado de Hidalgo, y conoció a Ma´Camila Moreno, mi abuela, en Irapuato; ahí se quedaron a vivir y a formar una familia.

Aunque lo veíamos seguido, no recuerdo haber tenido mucha interacción con él; solo sé que en los fines de semana siempre queríamos dormir hasta tarde, y Papá Chuche llegaba a levantarnos muy temprano:

—*¡Levántense, que ya el sol está en lo alto!* —, nos decía mientras golpeaba la puerta abruptamente con la hoz afilada que usaba para cortar la hierba por el camino a casa.

A pesar de no haber sido muy cercano ni consentidor, confieso que lo extrañé mucho cuando partió.

Por su parte, Ma' Camila fue una emprendedora increíble; ella era la que hacía, la que buscaba, la que sabía multiplicar el dinero. Vendía un riquísimo pozole y unos deliciosos y crujientes tacos dorados de papa cada fin de semana; también preparaba el famoso jocoque o leche agria, que salía a vender tres veces por semana al centro de la ciudad; recuerdo que llevaba una enorme canasta, en donde acomodaba los cantaritos de barro rellenos con aquel manjar.

Papá Chuche y Ma' Camila tuvieron veinte hijos, pero ocho de ellos murieron al nacer o durante la infancia. Mi padre, Isidro Conejo, fue el quinto de los doce hermanos sobrevivientes, y al parecer, el favorito de la abuela; Ma' Camila siempre nos contaba que lo rentaban para vestirlo de Niño Dios durante las pastorelas... ¡Así era de hermoso mi padre!

Es toda una experiencia pertenecer a una familia tan numerosa; en aquellos tiempos era tradición tener todos los hijos que Dios mandara, y criarlos como pudieran.

Isidro y Lucina, mis padres, se conocieron siendo adolescentes, cuando ambos trabajaban en la cosecha de verduras. El noviazgo fue corto; un día mi mamá terminó la relación, pero mi papá no quedó conforme con esa decisión, y a los pocos meses, durante la fiesta del pueblo, llegó en una motocicleta, y al ver a mi madre entre la gente, se le acercó y la obligó a subir a la moto mientras la amenazaba con una pistola.

Ella no tuvo opción; tuvo que irse con él, pero estaba muy angustiada por lo que la gente pudiera decir de su integridad y por la reacción de mis abuelos, más que por el hecho en sí de haber sido llevada a la fuerza.

En ese entonces era muy mal visto que una mujer se fuera con el novio (sin importar las circunstancias), y que después regresara a la casa sin haberse casado; de allí su temor. Le espantaba poner en vergüenza a la familia y quedar expuesta al escarnio público, sin contar el daño que podría generar esto en el futuro de sus cinco hermanas aun solteras, que también serían señaladas por su parentesco.

Considerando todos esto, tomó entonces la decisión de quedarse con mi padre, con la condición de casarse legalmente y por la Iglesia, cosa con la que Ma´Camila no estuvo muy de acuerdo, pero que finalmente aceptó por darle el gusto a su hijo.

Ambos tenían diecisiete años cuando se realizó la boda.

A pesar de estar en plena edad reproductiva, no fue fácil para mi mamá quedar embarazada; no fue sino hasta los dos años de casados que sorpresivamente se enteró de que yo venía en camino.

Ella lo recuerda como un momento de gran alegría; ¡por fin sintió que alguien la acompañaba! Yo me convertí en el remedio para su soledad.

Durante mi infancia, vivíamos muy alejados, sin vecinos ni casas alrededor; eso nos dio la ventaja de poder salir, jugar y hacer lo que quisiéramos a la hora que fuera, sin incomodar a nadie.

Mis hermanos eran prácticamente mis únicos amigos y compañeros; fuimos cinco hijos de los mismos padres, y yo fui la número uno; teníamos muchas primas, pero solo las veíamos cuando coincidíamos en las visitas a la casa de la abuela.

Para ir a la escuela teníamos literalmente que correr, pues mi mamá nos llevaba a pasos de adulto, y no dejaba de repetir:

—¡*Corran!* ¡*Corran, que se hace tarde!*

Tocaba recorrer un camino de terracería y luego atravesar el pueblo, justamente por la calle donde vivían Papá Chuche y Ma' Camila, y después llegábamos a unas vías de tren.

Si había alguno detenido, había que caminar paralelamente a la vía hasta llegar a un pequeño puente que nos permitía pasar por debajo y retomar el camino, pues era muy arriesgado intentar pasar entre los vagones. Cuando esto sucedía, siempre nos retrasábamos hasta diez minutos, pero era lo más sensato por nuestra seguridad.

A pesar de que todos los días tenía que recorrer ese trayecto con un pesado cargamento de libros y libretas, yo disfrutaba mucho ir a la escuela; cuando crecí, bromeaba con mamá diciendo que me quedé baja de estatura por cargar esas tremendas mochilas llenas de útiles escolares.

Me encantaba participar en las actividades culturales, y mi madre siempre se las arreglaba para que yo pudiera contar con todo lo necesario para ello.

Cuando eres niño, lo ves todo con ojos de alegría e inocencia; sin embargo, cuando te lastiman el alma a tan corta edad, la noción de quién eres y cuánto vales se rompe en mil pedazos.

Mi madre siempre decía que Ma´ Camila no la quería; de hecho, creo que a mí y a mis hermanos tampoco nos quiso. Un Día de Reyes nos reunieron a todos los nietos, porque iban a regalarnos juguetes; empezaron a repartir, y de pronto alguien anunció:

—*¡Se acabaron!... Ya no hay más...*

Mis hermanos y yo nos dimos la vuelta y regresamos a nuestra casa con las manos vacías y el sabor amargo de sentirnos excluidos; tendría yo unos diez años en ese entonces.

Mi madre estaba furiosa, pero se contuvo; solo nos dijo que no teníamos por qué sentirnos mal, porque en casa teníamos de todo, y era verdad; tal vez no sobraba, pero tampoco nos faltaba nada.

Debido a situaciones como esa, un buen día ella no quiso vivir más en el mismo terreno de la familia; entonces Papá Chuche nos ofreció un lugar en una de sus propiedades, y así fue como llegamos a vivir en aquel lugar remoto, donde a pesar de no tener servicios de agua potable, electricidad, gas o drenaje, fui tan feliz.

En medio de tantas carencias, ser la consentida de mi padre era muy gratificante; él no era muy expresivo ni cariñoso, no me traía en brazos ni me abrazaba. ¡Al contrario!, me regañaba mucho; me golpeaba con el cinturón si me portaba mal, y hasta llegó a abofetearme por contestona; sin embargo, sus acciones me demostraban que yo era la niña de sus ojos.

Cuando iban a comprar los regalos del Día de Reyes, el primero que él escogía siempre era el mío, aunque antes de salir de casa me hubiera dicho que yo ya era grande y que no me tocaba recibir nada; fue así hasta el día en que me casé y dejé de vivir con ellos.

Mi padre era alcohólico, pero nunca sintió la necesidad de hacer algo al respecto; cada vez que alguien le hacía algún comentario sobre su adicción, se justificaba diciendo:

—*¡De algo me tengo que morir!*

En efecto, así sucedió: murió a sus cincuenta y dos años de un infarto, producto de una congestión alcohólica.

En casa era normal que todos ayudáramos en las labores del día a día; a mí me tocaba cuidar de mis hermanos más pequeños, ayudar con la limpieza y lavar los trastes.

A mis hermanos en cambio, les tocaba el trabajo duro de la tierra; a los diez años ya era normal verlos solitos regando los cultivos. Papá era muy severo y exigente con ellos; era parte de la tradición para "hacerlos hombres".

Él había hecho un trato con papá Chuche: le propuso encargarse de la siembra a cambio de una comisión a cuenta de renta por las tierras; de esa manera, los dos tendrían dinero: el abuelo por la renta de sus tierras, y mi papá por hacerlas productivas. Así fue como empezó a sembrar, a cosechar y a vender lo que producía: sorgo, trigo, maíz, fresas...

El trabajo en las tierras del abuelo comenzó a dar buenas ganancias, y en general todo iba muy bien, hasta que mi papá empezó a jugar póker y se hizo adicto también al juego; ese nuevo vicio, sumado a su alcoholismo, hizo que se gastara lo que tenía y lo que no, generando una cantidad de inconvenientes en nuestro hogar.

Esta semblanza de mis orígenes me permite ilustrar las circunstancias que rodearon mi vida, muchas de ellas excesivamente densas para una niña de mi edad.

Lamentablemente, todos hemos heredado un puesto en la cadena de maltrato que se viene transmitiendo de generación en generación: consciente o inconscientemente, nos comportamos con nuestros hijos de la misma forma en que fuimos tratados cuando niños, y esta no siempre fue la mejor.

Si te pareció interesante esta parte de mi relato, ¡continúa leyendo! La historia apenas comienza...

2.
LA TREGUA

Tu familia y tu amor

deben ser cultivados como un jardín...

Jim Rohn

No pongo en duda el amor de mis padres; como suele ocurrir, ellos solo hicieron lo único que sabían, reproduciendo hacia sus hijos las actitudes y costumbres que en su momento aprendieron de mis abuelos.

Nuestros mayores nos lastimaron sin querer, simplemente porque, en su momento, ellos también fueron lastimados, y muchos de nosotros repetimos ese patrón, lastimando a los seres que más decimos amar, simplemente por no haber sanado a tiempo nuestras heridas.

Afortunadamente, hoy en día contamos con una gran cantidad de información que no se conocía en tiempos de nuestros padres o abuelos. Como mujer, adulta y madre, este se ha convertido en mi compromiso fundamental: Yo tengo la libertad de decidir no continuar repitiendo los modelos de conducta que tanto me hicieron sufrir.

Tomar conciencia de estas diferencias nos ayuda a romper la cadena de maltrato, generando mejores condiciones para que las nuevas generaciones puedan crecer y desarrollarse sin que se vulnere su autoestima.

Como lamentablemente les ocurre a muchos niños, yo crecí viendo a mis padres discutir todo el tiempo. Por supuesto que las desavenencias son normales en cualquier relación; el problema surge cuando las discusiones en la pareja afectan también a los hijos.

En el caso de mis padres, las peleas casi siempre se originaban debido al alcoholismo de mi papá, o por la falta de dinero en casa hasta para lo básico. Por supuesto, ambas cosas estaban relacionadas.

Mi padre era un hombre próspero; incluso llegó a tener una hermosa casa de dos pisos en la misma calle en la que vivía Mamá Lola, con todos los servicios y muy bien ubicada, cerca de escuelas y tiendas departamentales, pero ni siquiera llegamos a vivir ahí, porque él la perdió en una apuesta de juegos.

A pesar de que mi padre tenía buenos ingresos, nosotros vivíamos en medio de muchas carencias; mi mamá se sentía estresada constantemente, y esa situación entre ellos hizo que mi madre fuera perdiendo su brillo y su alegría.

La mente de los niños es al mismo tiempo extraordinariamente fuerte y sumamente frágil; todo lo que sembremos en ella durante los primeros años de vida se convertirá en el mapa de su realidad cuando sean adultos.

No sé si por haber sido yo la hija más grande, o por ser la consentida de mi papá, pero a veces yo sentía que ella era mucho más severa conmigo que con mis hermanos. Recuerdo que sus palabras me dolían más que los golpes que me daba cuando se enojaba porque, a su parecer, yo hacía algo malo; frases como *"no me hables"*, *"no soy tu madre"*, o *"no tienes perdón de Dios"*, quedaron grabadas en mi mente por muchos años.

Con el tiempo he logrado comprender que ella solo hizo conmigo lo que mi abuela le enseñó., pero cuando niña me sentía lastimada en lo más profundo de mi pequeño corazón; eso hizo que yo creciera con muchas inseguridades de todo tipo, que solo pude superar siendo ya adulta.

Volviendo a la historia, mi siguiente hermano nació en la ciudad de México cuando yo estaba por cumplir dos años. Al parecer, cuando él cumplió un año de edad hubo un período en que las cosas no iban bien, y mis padres estuvieron separados durante un tiempo.

Muchas veces, la disfuncionalidad en las familias se "normaliza", y es por eso que quienes viven inmersos en los conflictos asumen de alguna manera que así es "como debe ser". Es lo que ocurre, por ejemplo, con las parejas que toleran infidelidades, violencia o indiferencia. Hoy en día, me impacta ver cómo las personas nos acostumbramos a vivir en medio de situaciones que afectan nuestra estabilidad física, mental y espiritual.

Finalmente, mis padres se reconciliaron, Mi tercer hermano nacio en medio de una coyuntura muy particular, pues mi madre se entero que papa habia embarazado a otra mujer al mismo tiempo que a ella, y por supuesto, puso el grito en el cielo. Sin embargo, en lugar de hacer algo más contundente ante semejante falta, simplemente se quedó allí; pero ocurrió que mi hermanito, habiendo nacido en medio de aquella situación, comenzó a mostrar dificultades de conducta a muy corta edad. Para sorpresa de mi madre, el día que lo llevó a terapia tuvo que enfrentarse a una realidad que ella no había querido ver:

—*Señora: quién necesita terapia aquí, es usted.*

Los especialistas pudieron detectar que había en ella un rechazo inconsciente hacia mi hermano debido a los acontecimientos que habían rodeado su nacimiento, y ese era el motivo de su rebeldía. Todo el resentimiento que mi madre guardaba debido a los problemas entre ella y mi papá, lo había estado proyectando hacia el pequeño.

El cuarto hijo de mis padres llegó cuando yo estaba por cumplir diez años; fue un embarazo de alto riesgo con muchas complicaciones durante el parto.

El bebé nació con una salud muy precaria, y cuando él tenía aproximadamente un año de edad, mi madre comenzó a padecer de tremendas hemorragias nasales, hasta que un día tuvieron que internarla en el hospital para controlar el sangrado.

Mientras ella seguía recuperándose, una de sus hermanas vino a casa para estar con nosotros; sin embargo, durante todo ese tiempo, a mí me tocó cuidar de mis hermanos, como si fuera su mamá.

Teniendo yo catorce años, nació mi hermana; la última de los cinco. Como era lógico, el afecto y los cuidados de todos se enfocaron inmediatamente en la nueva integrante de la familia, y en consecuencia, yo me sentí totalmente ignorada.

Todo esto me afectó mucho emocionalmente, al punto que empecé a orinarme en la cama, ¡a esa edad! Yo no podía explicarlo, ni mucho menos controlarlo; con el tiempo me enteré (ya siendo adulta), que esas cosas ocurren debido a las inseguridades, los miedos y las carencias de afecto.

Lamentablemente, en casa nadie entendía nada de eso; por el contrario, mis padres constantemente me reprochaban, y mis hermanos me hacían *bullying*, comparándome con mi hermanita recién nacida. Esos eran los métodos tradicionales para "corregir" mi comportamiento; sin embargo, el asunto era mucho más complejo, y esas actitudes de mi familia impactaban negativamente en mi frágil autoestima de adolescente.

Simplemente, me sentía desplazada, y aunque las cosas no eran exactamente como yo las veía, estaba sufriendo. Como padres, cuidar los sentimientos de nuestros hijos, y la forma como ellos puedan estar percibiendo los hechos a su alrededor es un aspecto importante que debemos tener en consideración; muchas veces damos por sentado que todo está claro en ellos, sin saber cuánto dolor pueden estar experimentando en silencio.

Otro asunto que me afectó profundamente durante mi adolescencia fue el hecho de vivir donde vivía. Mi casa quedaba muy alejada, y el camino para llegar estaba muy deteriorado; además, no había iluminación, por lo que de noche era tan oscuro como una boca de lobo, y debido a esto, nadie podía buscarme o llevarme, y no me era fácil salir o reunirme con mis compañeros. Eso afectó seriamente mi vida en esa etapa, en la que relacionarse y socializar es fundamental.

Quizás por eso, la secundaria se me hizo tan complicada: mis compañeros me molestaban, me hacían de lado, y yo no sabía manejar esas situaciones debido a que los conflictos en mi casa habían afectado mi concepto de mí misma.

Yo era muy introvertida; hablaba muy poco, y a pesar de que era de las estudiantes más sobresalientes del salón, en realidad me sentía muy acomplejada.

Para colmo, en casa siempre me comparaban con mis primas y mis compañeras de la secundaria:

"¡Mira a fulanita! Tiene tu misma edad, ¡y qué cuerpazo!"; *"¡Esta otra tiene el pelo increíble! Deberías preguntarle qué usa"*.

Tal vez ellos no hacían esos comentarios con la intención de lastimarme, pero a mí me dolían como puñaladas en mi corazón inseguro; yo simplemente callaba y me esforzaba en sonreír, pero la verdad es que jamás me vi ni me sentí bonita, quizás porque nadie a mi alrededor me hizo nunca algún cumplido que resaltara al menos uno de mis atributos.

Todo aquello me hacía encerrarme más en mí misma, y no lograba reaccionar... En realidad, me sentía invisible.

Los niños descubren quiénes son a través de los ojos de sus padres; si quieres que tus hijos crezcan como adultos firmes, capaces de comerse el mundo, solo diles cuánto los amas y lo maravillosos que son; ellos solitos harán lo demás.

Por suerte, logré hacer una gran amistad que todavía conservo: Laura, mi compañera inseparable durante la adolescencia.

Desde que nos conocimos, siempre andábamos juntas y conversábamos de todo; por supuesto que yo tenía conocidas de la secundaria, gente con la que uno pasa el rato y se ríe, pero Laura era distinta; teníamos muchas cosas en común, en especial en cuanto a nuestras respectivas familias, y por eso nos sentimos tan identificadas la una con la otra. Ella era la única persona con la que yo me sentía segura y no me cohibía de ser yo misma.

Para ese entonces, iba yo a cumplir mis quince años, y contra todo pronóstico, mis padres me organizaron una gran fiesta. No sé cómo le hicieron, pero, literalmente, aventaron la casa por la ventana.

Al principio yo ni siquiera me emocioné con la idea; para mí era una situación embarazosa, porque yo no era para nada una chica popular: no salía, no conocía a nadie, y mucho menos sabía de eventos sociales.

Sin embargo, no hubo forma de que cambiaran de opinión. Lo recuerdo perfectamente: escogieron el salón más grande de Irapuato, y yo tuve un vestido precioso que me encantó.

En cuanto al maquillaje, era un tema desconocido para mí: como nunca salía a ningún lado, no estaba acostumbrada a maquillarme, y mi mamá sabía menos de esas cosas que yo, así que no tuve más remedio que atenerme a lo que me hicieron en el salón de belleza.

Hay fotografías en las que se aprecia el cambio total del color de mi cara, que lucía súper blanca, ¡como espanizada!

En medio de todo, era impresionante ver a mis padres hacer una tregua entre tantas discusiones cotidianas para ponerse de acuerdo en los detalles de la celebración; ese es un dulce recuerdo que conservo, y que me confirma que cada quien ama de la manera en que mejor sabe hacerlo.

Muchas veces he pensado que ellos organizaron esa fiesta para sí mismos: fue su sueño de quinceañeros hecho realidad; la fiesta que nunca pudieron tener, porque crecieron siendo adultos desde niños; por eso les agradezco eternamente todo el esfuerzo y cariño puesto en esa fiesta de mis quince años.

Finalmente, comenzó la celebración; algo que nunca olvidaré fue que me tocó bailar el vals con un vecino de Mamá Lola, que además de ser mi amigo, me gustaba. Nunca hubo nada entre nosotros; solo éramos amigos, jugábamos al fútbol en la calle y nada más, pero ese fue el momento mágico en que por fin, pude sonreír.

Uno de mis tíos llego tarde a la celebración, y yo me empeñé en bailar de nuevo el vals con la excusa de que él me viera, pero en realidad lo hice para disfrutar una vez más de unos cuantos minutos de atención. Después de eso, me quedé sentada en una mesa grandísima, bellamente adornada, detrás de un pastel enorme.

Tuve chambelanes toda la noche, ya que mis primos mayores fueron con sus amigos, pero no me prestaban ninguna atención, pues preferían bailar con las muchachas mayores; mi papá y mi mamá atendían a los invitados, mi hermanita que apenas tenía un año andaba correteando por todas partes y mis tías intentaban controlarla; mis otros hermanos andaban por donde quiera

No había nadie conmigo en esa mesota tan adornadita; yo parecía más bien parte del decorado.

Pasé la noche rodeada de un montón de gente, pero sola… Era como ver un cuento de hadas desde una vitrina; al día siguiente nos esperaba la misma realidad: peleas, carencias, incomprensión, soledad.

3.
LA PAZ DEL ESPÍRITU

El perdón es un regalo silencioso
que dejas en el umbral de la puerta
de aquellos que te han hecho daño.

Robert Enright

Pasó el tiempo, y conforme yo maduraba en edad, tenía que lidiar con el deseo ferviente de mis padres de apurarme en mis decisiones de adulta:

—*¿Qué vas a estudiar? Ya vas a terminar la secundaria, ¿y ahora...?*

En ese sentido, no puedo negar que ellos se portaron como los mejores, ofreciéndome su apoyo incondicional para que yo pudiera estudiar lo que yo quisiera; es algo que siempre les voy a agradecer, sobre todo porque yo estaba en esa edad en la que toda adolescente piensa en cualquier cosa, menos en el futuro. A pesar de tener total libertad para elegir mi futura carrera, no tenía la menor idea de cuál podría ser. Un día, hablando con Laura, me di cuenta de que ella sí lo tenía muy claro: quería inscribirse en la Escuela de Enfermería de la Universidad de Guanajuato.

Su entusiasmo me contagió; sin embargo, mi plan inicial era simplemente hacer un curso sencillo de primeros auxilios. Fue la determinación de Laura por hacer carrera universitaria lo que terminó de darme el impulso que necesitaba para tomar la que sería una de mis mejores decisiones en la vida: Ingresamos juntas a la carrera en Enfermería.

Mucho se ha dicho en cuanto a la relación entre el dinero y la felicidad; resulta muy difícil mantener un ambiente equilibrado en el hogar cuando no existen las condiciones mínimas para que la familia pueda desenvolverse, y esto genera un círculo vicioso de tristeza, violencia y frustración.

En mi experiencia, el haber crecido en un ambiente tan precario debido a la inestabilidad emocional y financiera de mis padres me limitó en muchos aspectos. Por poner solo un ejemplo, mencionaré que no teníamos electricidad; veíamos la televisión gracias a que mi papá logró hacerla funcionar con ayuda de una batería de carro; mis cuadernos de enfermería estaban llenos de cera de las velas, o las hojas se veían ahumadas por las lámparas de petróleo.

Aun así, terminé mis estudios; por eso sé que quien quiere y se empeña, logra todo lo que se propone en la vida. ¡No hay excusas!

Mi padre fue un hombre con un gran magnetismo, y tenía una impresionante facilidad para hacer amigos; le encantaba estar rodeado de gente; en casa siempre había un motivo para celebrar. ¡A donde quiera que llegaba se convertía en el alma de la fiesta! Lamentablemente, sus adicciones no solo le costaron la casa bellísima que había logrado adquirir cuando las cosas aun marchaban bien, sino también la paz de su matrimonio y de su hogar.

Alrededor de este tiempo ocurrió un hecho que cambió para siempre la vida de mi madre.

Fue durante la feria; mi mamá había planificado ir a ver a mi tía más querida, la mayor de sus hermanas, porque tenía un presentimiento, pero mi papá se empeñó en que fuéramos antes a ver las atracciones. Estábamos en pleno espectáculo cuando nos llegó la noticia: mi tía acababa de fallecer.

Llegamos al funeral: un típico velorio de barrio humilde. El cuerpo de mi tía estaba rodeado de gente en mitad del patio, y al verla, mi mamá se desplomó llorando. Para ese entonces tendría yo dieciséis años, y tengo que reconocer que me estremeció verla derrumbarse bajo ese inmenso dolor.

Mamá nunca se pudo perdonar el haberse ido a la feria en lugar de ir a visitar a su hermana, tal y como se lo había dictado su corazón; a partir de ese momento, decidió entrar de lleno en la iglesia, y lo hizo de lleno, hasta el fondo.

En ese entonces se había puesto de moda un movimiento católico llamado "Renovación Carismática en el Espíritu Santo"; se trataba de una corriente nueva: eran muy alegres, cantaban alabanzas y manejaban una filosofía muy positiva que le sentó muy bien a mi mamá.

Ella comenzó a acudir seguidamente a la iglesia, aprendió a leer con devoción la biblia y se volvió una persona mucho más estable, tanto mental como emocionalmente.

Incluso, pudo reconocer sus errores del pasado, y el dolor que me había causado con su mal carácter y su actitud.

—*Perdóname... No sabía lo que hacía...*—me dijo.

La religión se transformó en su vínculo con la realidad: cada semana se congregaban, y siempre tenía algo pendiente por hacer en la iglesia, pero no nos incluía a todos; solo se llevaba a mi hermana por ser la más pequeña, y me dejaba a cargo de los tres varones junto con una lista de quehaceres.

Mamá también se preocupó de estar en contacto con mi prima, la hija de mi tía fallecida, y la visitaba frecuentemente, repitiendo la dinámica: cargaba con mi hermanita y me dejaba en casa con mis hermanos. Esa situación me dolía.

Un día se lo dije, y su respuesta fue un regaño; a su juicio, yo tenía que comprender que mi prima no tenía mamá. Yo la tenía a ella, pero en realidad sentía que a mí nadie me cuidaba como a mi prima.

Mirando hacia el pasado, pienso en el tipo de relación que tuvieron mis padres, y puedo ver con claridad cuánto nos afectó como hijos. De niño repites lo que ves: si no eres capaz de identificar a tiempo que lo que estás presenciando no está bien, terminarás repitiendo los mismos patrones sin darte cuenta.

La adolescencia es una etapa cargada de novedades desde el punto de vista emocional y afectivo; es el momento en que se debe afianzar la personalidad, preparándonos para enfrentar el mundo adulto real con plenitud y confianza, gracias a las bases que nos hayan brindado nuestras relaciones familiares, amistades, vínculos escolares, etcétera.

En esa etapa aprendemos a divertirnos con madurez, a calcular consecuencias, a establecer límites... ¡Un sinfín de situaciones que nos generan nerviosismo y ansiedad! Es entonces cuando más necesitamos de nuestros padres, orientándonos, explicándonos y haciéndonos sentir que, pase lo que pase, tenemos un suelo bajo nuestros pies.

La autoestima es el valor que nos otorgamos a nosotros mismos, y por curioso que parezca, es algo que necesitamos aprender. Nadie nace con autoestima, y desarrollarla es uno de los principales roles que deben cumplir los padres en la vida de sus hijos.

El no sentirme importante para mi madre y el no recibir ningún tipo de retroalimentación positiva que me permitiera tener una idea de mi propio valor, terminaron por destruir mi autoestima y la seguridad en mí misma.

Hay personas que, aun con todas sus necesidades materiales cubiertas, incluso en exceso, igual sufren de tristeza, depresión adicciones y demás conflictos emocionales; esto se debe a que carecen de autoestima, y por lo tanto no tienen la capacidad para aceptarse, valorarse y amarse a sí mismas.

La autoestima es la base de nuestro equilibrio; nos permite reconocernos y amarnos por lo que somos, y también por lo que no somos, comprendiendo que cada ser humano es diferente, y que eso es precisamente lo que nos hace más valiosos.

Las personas sin autoestima pueden mostrar agresividad y actitudes violentas, depresión o tristeza, ideas o intentos de suicidio, complejos de inferioridad e incapacidad, adicción al alcohol y las drogas, inconformidad consigo mismas, dificultades para interactuar socialmente... Esto las hace especialmente vulnerables a los reveses cotidianos, interpretando cualquier mínimo inconveniente como una tragedia sin solución.

Adolescencia y carencia de autoestima son una mezcla letal, y más aún si se trata de hijos de familias disfuncionales, ya que este tipo de hogares carecen del control y la estructura que se requieren en estos casos.

Cuando se goza de una sana autoestima es más sencillo alcanzar el éxito en la vida, porque no nos detienen las opiniones ajenas, sino que vamos directamente hacia el logro de lo que deseamos. Las personas con autoestima no temen fijarse metas ambiciosas, porque están seguras de su potencial y saben todo lo que son capaces de lograr.

La relación contigo mismo es fundamental para que puedas disfrutar de todo lo que haces en tu vida; amarte y valorarte debe ser la actitud natural hacia ti mismo cada día; solo así podrás amar y aceptar todo lo demás.

En lo personal, debo confesar que me costó superar la forma tan dura en que mis padres me trataron, pues mi mente de niña interpretaba esas actitudes como falta de amor, y eso afectó profundamente mi autoestima y mi concepto de mí misma.

Me considero afortunada por haber podido encontrar las herramientas necesarias para comprender que ellos solo hicieron lo mejor que pudieron como padres, y que yo tenía en mis manos la posibilidad de actuar diferente.

4.
UN REFUGIO PARA EL CORAZÓN

El amor es

el anhelo de salir de uno mismo...

Charles Baudelaire

Tal vez debido a los constantes conflictos que presencié entre mis padres, no fue sino hasta mis dieciocho años que por fin me atreví a tener un novio: era un chico muy dulce, y a pesar de ser muy humilde, me colmaba de regalos.

¡Yo no sé cómo hacía! Vivía a unos treinta minutos de mi casa, pero siempre venía a visitarme; siendo honesta, yo no estaba enamorada; solo tenía la curiosidad normal de tener un novio para saber cómo era y que se sentía.

Esa relación duró unos pocos meses; el día que le dije que ya no quería continuar siendo su novia me pidió un beso de despedida; yo cerré los ojos para esperar el beso en mis labios, pero él solo me besó en la frente con ternura, y simplemente se fue.

Todavía siento remordimiento cada vez que recuerdo ese episodio de mi vida; he llegado a pensar que fue lo más bonito que tuve; creo que fue la primera y única que vez que quizás me quisieron con un amor transparente y puro.

Tuvo que pasar mucho tiempo para que yo quisiera salir con otro chico; no por algo en especial, sino porque no me sentía atraída por nadie.

Fue de mi segundo novio de quien me enamoré por primera vez. Yo estaba terminando mis estudios en Enfermería General y Obstétrica, que viene siendo aquí el equivalente a una partera o *midwife*; trabajaba en una clínica materno-infantil, y estaba realizando mi servicio gratuito para poder culminar el ciclo universitario; eso implicaba ir a las comunidades a vacunar y dar charlas, y yo me sentía muy orgullosa de mí misma.

Entonces, lo conocí. Él era de otro rancho, pero un día coincidimos en la iglesia, y al verlo sentí un flechazo como el que siempre había visto en las películas. Fue cuando comprendí que el amor a primera vista sí existía.

Enamorarse es algo imposible de ocultar, en especial cuando una persona tan seria como yo empieza a sonreír más de lo normal y sin motivo aparente.

Fue tan evidente mi fascinación ese día en la iglesia, que una de mis tías se me acercó para decirme:

—*Ten cuidado; ese chamaco es muy borracho.*

Sin embargo, en lugar de hacerme correr en la dirección contraria, esas palabras solo aumentaron mi interés; quizás vi en él todo lo que yo no era; lo cierto es que hice todo lo contrario de lo que me aconsejaron. De cualquier manera, cuando mi tía me habló ya era tarde: me había enamorado de él solo con verlo.

Al día siguiente se celebraba la fiesta del pueblo, y nos volvimos a encontrar. Él ya sabía que me gustaba; no se necesitaba ser adivino para darse cuenta de algo tan obvio. Me invitó a bailar, cosa que yo no sabía hacer; él insistió, asegurándome que tampoco sabía, pero que no quería pasar por la vergüenza de que la chica que le gustaba le rechazara la invitación. Ahí me convenció. Salimos a la pista, entre mi timidez, el murmullo y los chismes de los amigos, la música que no era de nuestro agrado y el atrevimiento de estar ahí los dos juntos, haciendo el ridículo.

Al terminar la canción, sentí una mezcla de alivio con euforia al ver que él no se iba de mi lado; aquella sensación de un montón de mariposas revoloteando en mi estómago se trasformó en taquicardia cuando él me miró diciéndome:

—*Quiero que seas mi novia.*

Por supuesto que eso era lo que yo más deseaba en el mundo, pero me hice la difícil; tal vez fue por los nervios... Le respondí que era ridículo, que era la primera vez que hablábamos, que ni siquiera nos conocíamos...

—*Si vas a aceptar, dime, y si no, pues también dímelo, para irme y no regresar*— me respondió.

Yo no me esperaba una respuesta de ese estilo, y sin pensarlo mucho le dije que sí. Fue así desde el principio: ni siquiera nos dimos un beso; solo un apretón de manos. Así comenzó todo, después de aquella torpe bailada.

Se veía mayor que el resto de sus amigos, pero nunca quiso ser franco con su edad; no fue sino hasta que nos casamos que me enteré de que era dos años menor que yo.

Por la forma en que se dieron las cosas, mi papá no lo quiso ni conocer; mi novio anterior había sido todo un caballero, había venido a hablar con mis padres y fue realmente muy galante.

Mis padres le encontraron mil defectos, desde lo borracho que mencionó mi tía hasta lo delgado que era; sin embargo, yo estaba decidida: era con él con quien yo quería estar, y no me importaba nada ni nadie.

No fue un noviazgo nada bonito; todo el romanticismo de mi primer noviecito quedó en el pasado; aquí solo había una gran atracción, pero la ternura y los detalles brillaban por su ausencia.

—*Si en 5 minutos no estás lista, me voy* —me decía— *Yo no espero a nadie.*

No me daba cuenta que desde ahí las cosas no iban bien, y de que me estaba manipulando. Simplemente, yo estaba repitiendo lo que había visto en mi casa, tolerando los maltratos, los insultos y el abuso emocional que mi mamá le soportaba a mi papá.

Es normal repetir patrones inconscientemente; la lucha está en romper ese círculo vicioso que hemos venido heredando de generación en generación.

Descubrí que mi príncipe azul era terriblemente celoso; si me veía conversando con algún amigo, se alteraba y perdía el control. Yo me sentía halagada; pensaba que se comportaba de esa forma porque me amaba; no me daba cuenta de que era una conducta inapropiada, agresiva y manipuladora.

Una vez tuve que abofetearlo con todas mis fuerzas, porque me estaba insultando y no me pude contener; le di el par de cachetadas que se merecía por todas las cosas horribles que me estaba diciendo.

Así fue nuestro noviazgo, muy violento y accidentado, aunque en ciertas ocasiones también supo tener detalles muy bonitos; para el primer cumpleaños que pasamos juntos me trajo una serenata con sus amigos, tocando la guitarra y con un ramo compuesto por 3 hermosas rosas rojas que, viniendo de él, para mí eran como tres diamantes.

Me sentí la más adorada, y luego de ese detalle tan bonito tomé la decisión de estar con él; quería que fuera mi primer hombre, y así se lo dije.

Lo planeamos todo: sería en su siguiente visita después de mi cumpleaños; sin embargo, como todas nuestras cosas, esta también fue accidentada y no menos dramática.

Nos fuimos hacia los alrededores de mi casa, y nos escondimos en un sembradío. Hoy en día no puedo entender por qué se nos ocurrió algo así; creo que estábamos desesperados por demostrarnos el amor que sentíamos el uno por el otro.

El caso fue que ni siquiera pudimos concluir la experiencia, porque mi papá se dio cuenta; siempre he pensado que nos estuvo vigilando, como si presintiera lo que iba a pasar, y al ver que no estábamos en el lugar de siempre, empezó a buscarnos hasta que nos encontró.

Era de noche; estábamos en pleno acto, descubriéndonos por primera vez, cuando escuchamos la voz de mi padre en la oscuridad, pidiendo a gritos una explicación de lo que estaba sucediendo. Nos levantamos como impulsados por un resorte y cubrimos nuestros cuerpos desnudos como pudimos. Ahora que lo recuerdo me da risa, pero el susto en ese momento no se lo pueden imaginar; pensé que me iba a morir.

El instinto de mi papá le impulsó a pegarme, y mi novio me defendió, pero al no poder devolverle a mi padre los golpes, salió corriendo.

Ese fin de semana fue uno de los peores de mi vida; recibí golpes, regaños y reclamos por mis acciones; me sentí la peor de las hijas por haber traicionado la confianza de mis padres en su propia casa.

En aquel entonces no había teléfonos celulares, y era imposible poder comunicarme con mi novio. Creí que lo había perdido para siempre.

El lunes muy temprano me fui corriendo al trabajo para escapar de aquel infierno, y para mi sorpresa, ahí estaba mi amor, esperando por mí. Caminamos un rato; se disculpó por la manera en que habían sucedido las cosas.

—*Te deseo y te amo demasiado*—me dijo—; *quiero que te vengas conmigo. Vamos a casarnos.*

Por supuesto, le dije que sí, pero necesitaba al menos una muda de ropa. Tendríamos que esperar hasta el día siguiente.

Volví a mi casa, y a escondidas comencé a organizar mis cosas. Al otro día, muy temprano en la mañana, mi mamá me interrogó antes de irme al trabajo. Creo que ella intuía lo que estaba a punto de pasar; nadie puede negar que las madres tenemos un sexto sentido.

Yo le respondí que todo estaba bien, y me despedí como si nada; recuerdo que, mientras avanzaba hacia la puerta, me preguntó:

— *¿Estás segura?* —Pero yo continué, fingiendo que no la había escuchado.

En alguna parte, leí una frase que me impactó profundamente: *"La realidad es hoy; cuando el futuro llega, ya es el presente…"*

No sabía lo que me deparaba el destino al tomar esa decisión, pero el hecho de estar con el amor de mi vida borraba toda sombra de duda. Iba decidida a formar una familia con él.

5.
EL DESPERTAR

Nos unimos en un mar de esperanzas
y nos perdemos en una ola de desencantos.

Alejandro Lanús

Ese día estuve bastante distraída en el trabajo; lo único en lo que podía pensar era en que iba a dormir en un lugar distinto esa noche.

Mi novio me esperó a la salida del trabajo y nos fuimos juntos para su casa; era la primera vez que iba a visitar a su familia, y ya estaba decidido que ahí me iba a quedar.

Cuando uno es joven, no piensa nunca antes de actuar, pero es que tampoco nos enseñan a pensar; eso sin duda nos ahorraría muchos problemas.

En mi casa siempre fuimos muy humildes; quizás de vez en cuando pudimos disfrutar de cierta abundancia, pero en general, se puede decir que vivíamos con bastante decencia; nunca faltó la comida, y en cuanto a mí, siempre fui una niña consentida: tenía mi propio cuarto, mi cama, todos mis muebles, pobres, ¡pero eran míos! Siempre tuve mi espacio y mi privacidad ante todo.

Fue en la casa de mi novio donde conocí lo que era la verdadera pobreza. Se trataba de un gran espacio común dividido por un ropero; los padres de mi novio dormían de un lado junto con su única hija, que en ese momento tendría ya unos once años, y del otro lado estaba "el dormitorio" de sus seis hijos varones: dos camas separadas donde se acostaban todos arrimados, tres en una y tres en la otra. Era todo lo que había.

Justo frente a la cama donde solía dormir mi novio, sus hermanos acomodaron una colchoneta para cedernos la cama; sin embargo, esa noche no me podía dormir. Verme en medio de esa decadente habitación, rodeada de las respiraciones, ronquidos y flatulencias de toda esa gente, fue un impacto demasiado fuerte para mí.

Yo no podía creer en el problemón en que me había metido, pero nada más de pensar en la golpiza que iba a darme mi papá si regresaba a mi casa, me quedé; cerré los ojos con fuerza, como si quisiera borrar de mi consciencia que esa iba a ser de ahora en adelante mi nueva vida. Lloré en silencio hasta que el sueño me venció. Por fin me quedé dormida.

Dicen que las desgracias nunca vienen solas, y en cierto sentido creo y me parece haber descubierto que es verdad. Al día siguiente, me llegó el periodo; por supuesto que el nivel de incomodidad se multiplicó, pues yo era demasiado pudorosa, así que la situación se tornó en una verdadera catástrofe para mí.

¿Quién iba a pensar que esa experiencia me iba a llevar a los extremos de extrañar mi hogar? A pesar de los conflictos con mi mamá, ella siempre se esforzaba por mantener todo limpio y ordenado, y a sus hijos bien comidos y con estudios, sin importar las circunstancias.

Dentro de sus propios valores, siempre nos estimuló a superarnos, aunque sus propias carencias no le permitieron hacerlo mejor. Aun así, con todo y sus sinsabores, mi vida parecía un cuento de hadas comparada con la situación tan primitiva en que vivía la familia de mi novio.

A veces pienso que si yo me hubiera entendido mejor con mis padres, seguramente no hubiera ido a parar a ese lugar. Por eso es tan importante guiar a nuestros hijos en cuanto a ese tipo de decisiones.

Entonces, no me aguanté; le hablé a mi novio con firmeza, diciéndole que teníamos que irnos a otro lugar; uno en el que pudiéramos tener un mínimo de privacidad.

Al lado de la casa, por el patio trasero, había un jacal destartalado; en realidad era apenas un techo y algo más, pero él me prometió que lo acondicionaría para nosotros, y yo le hice jurarlo; le dije que le ayudaría, que juntos íbamos a transformarlo en un lugar digno para vivir.

Las paredes de aquel cuarto improvisado eran de bolsas plásticas y sacos de papas o harina que nos habían conseguido para ayudarnos; al abrir la puerta de la casa, lo único que nos separaba de las personas que entraban o salían era una cortina que colocamos en lugar de puerta.

Fue allí donde, a pesar de todos los inconvenientes, pudimos por fin pudimos consumar nuestra unión, una semana después de estar viviendo juntos.

Salí embarazada al poco tiempo; trabajaba y al mismo tiempo realizaba el servicio social comunitario, así como la tesis para titularme como enfermera

Siempre estaba ocupada; era muy agotador, y más aún para una mujer embarazada, pero yo prefería permanecer ocupada antes de tener que quedarme en la casa de mi esposo, pues mi relación su familia no era la mejor, en especial con su papá, un típico hombre prejuicioso y machista. Siempre que me veía llegar de mis jornadas diarias, me miraba despectivamente mientras me decía:

—*Las mujeres de mi familia no trabajan.*

En más de una ocasión tuve que recordarle que ese tipo de decisiones solo nos incumbían a su hijo y a mí.

Cuando nos casamos por el civil, yo tenía veinte años y unas cuantas semanas de embarazo. Tres meses después, obtuve mi título, y a los veintidós días de graduada hicimos la boda por la iglesia. Ese día yo era la mujer más feliz del mundo; ¡por fin parecía que todo se estaba arreglando!

En todo sentido, la maternidad es una experiencia inigualable y bendita que marca la vida de toda mujer y le permite realizarse como ser humano; se trata de una dimensión muy especial que implica una compleja serie de cambios y trasformaciones.

Darme cuenta de un momento a otro de que estaba a punto de convertirme en madre me generó una confrontación interna, pues los conflictos que viví durante mi infancia y adolescencia me hicieron sentir temor de que se repitiera la historia.

Mi marido era el tercero de siete hermanos; los otros que le seguían eran apenas unos niños en ese momento. Mi suegro tenía un terreno detrás de la casa, donde además del jacal, había tres cuartos a medio construir; por suerte, tomó consciencia de que la familia estaba creciendo y decidió repartirlos entre sus tres hijos mayores.

Nos apuramos a terminar esos cuartos; yo hice de todo para lograrlo antes de que naciera nuestro hijo, y él también me apoyó. Fue un objetivo que logramos juntos, no sin dificultades, pero valió la pena: Nos mudamos a nuestro nuevo cuarto un mes antes de que naciera nuestro primer hijo.

Yo estaba feliz de tener por fin espacio de privacidad, a pesar de que muchas veces entraban a nuestro cuarto sin tocar, especialmente mi suegra, que más de una vez nos encontró en situaciones propias de marido y mujer que no admiten la presencia de terceros.

Sin embargo, eso quedó opacado ante otra situación mucho más seria que yo ya no podía seguir ignorando: tal y como me lo habían advertido, mi esposo tenía problemas con la bebida.

Alguien me contó una vez que él había comenzado a beber de una manera enfermiza desde los trece años, y desde entonces, nunca bebía para disfrutar, sino para borrarse de la realidad.

Quienes lo conocían se alegraron cuando se casó conmigo, porque vieron nuestro matrimonio como un indicio de que él estaba mejorando, pero lamentablemente no fue así.

Mi esposo no había dejado el alcohol; solo disminuyó por un tiempo la frecuencia con la que tomaba, pero luego retomó sus viejos hábitos y comenzó a hacerlo cada vez más seguido.

El día que nació mi primer hijo, llegó mi madre como por milagro divino; apenas me vio, inmediatamente se percató de que ya había comenzado el trabajo de parto. Eran las 11 de la mañana y yo estaba preparando el almuerzo, moliendo la salsa en el molcajete, deteniéndome a intervalos cuando sentía las contracciones.

No teníamos dinero; tuvimos que pedir fiado un Gansito con leche que se me había antojado.

Preparé la maleta para el bebé con ayuda de mi madre, mientras mi esposo y mi suegra se encargaban de buscar quien nos llevaba al hospital. Cuando me examinaron, se dieron cuenta de que ya tenía 8 centímetros de dilatación, y me dejaron en la sala de labor de parto. Mi bebé nació después del mediodía sin ninguna complicación, y pude salir del hospital el mismo día. ¡Las vecinas y familiares se quedaron sorprendidos de la rapidez con que volví a casa con mi bebé en brazos!

A pesar de las tensiones entre mi esposo y yo, en ese momento pude ver a un hombre distinto; no permitió que nadie más cuidara de mí y de nuestro bebé, y se entregó en cuerpo y alma a hacerlo él mismo, con mucho amor y entusiasmo.

Lavaba a mano la ropa de los tres, planchaba, hacía la comida y limpiaba la casa; mi único trabajo durante el postparto fue encargarme de mi bebé y dejarme consentir. Confieso que me volvió a enamorar; sin embargo, pasada la cuarentena, yo regresé a trabajar y se acabaron las consideraciones, la ayuda y el cuidado. El sueño se esfumó.

Ahora, todos los quehaceres del hogar y la maternidad eran mi responsabilidad, mientras él solo se ocupaba de ir a su trabajo; por si fuera poco, siempre se iba a tomar con sus amigos antes de regresar a casa.

Me decepcionó que el cambio no fuera permanente, y que él le diera prioridad a algo que no fuera nuestro hijo. Tener que hacerme cargo de tantas cosas y tener además que lidiar con el

alcoholismo de mi esposo, se volvió abrumador. Literalmente, él se estaba convirtiendo en un peso más sobre mis hombros.

Ante ese panorama, y viendo que las cosas no cambiaban ni siquiera con el nacimiento de nuestro bebé, comencé a pensar en la posibilidad de regresar a mi casa; el impulso que me faltaba me lo dio una fuerte discusión que tuvimos una tarde en que, como siempre, llegó ebrio.

Al día siguiente me fui con mi hijo en brazos a ver a mi mamá; le dije que si ella y mi papá me aceptaban de vuelta, yo estaba dispuesta a volver, pero su respuesta no me dejó opción:

—*Mija, el mejor lugar para una mujer casada siempre va a ser en su casa, con su marido. Usted lo escogió así.*

6.
REPITIENDO EL CÍRCULO

Soy mucho más que mis cicatrices
Andrew Davidson

La costumbre es asesina del amor; por lo general, nos habituamos a ignorar la realidad cuando esta ya no cumple con nuestras expectativas, en lugar de enfrentar las verdades y tomar las decisiones necesarias. Es así como vamos perdiendo el brillo en la mirada, y nos acostumbramos a vivir sin emoción.

Esto ocurre debido a las inseguridades que subyacen en nuestro subconsciente y que son sembradas allí durante nuestra infancia, cuando por diversas razones, experimentamos situaciones que no podemos comprender siendo niños, pero que tergiversan nuestra imagen de nosotros mismos y de nuestra importancia para lo demás.

Una mente emocionalmente sana debería estar en la capacidad de identificar cualquier evento que atente contra su felicidad; el problema surge cuando desde niños no hemos aprendido que tenemos derecho al amor y la felicidad por el solo hecho de existir, sin necesidad de convertirnos en héroes o heroínas, y mucho menos en mártires, para ser amados.

Recuerdo que a pesar de tantos factores en contra, yo me desvivía por intentar que las cosas funcionaran en mi relación y con la familia de mi esposo; de alguna manera, un poco inconscientemente, sentía que debía estarles agradecida por recibirme.

Por suerte, a veces en la vida pasan cosas que, aunque nos duelen, nos ayudan a quitarnos las vendas de los ojos. En mi caso, una broma infantil de mi cuñadita puso en evidencia lo erosionado que estaba mi matrimonio, y la poca estima que me tenía su familia.

Haciéndose pasar por mí, la niña le escribió una carta bastante ofensiva a mi esposo, en la que además de decirle cosas muy desagradables, le exigía una separación.

Como era de esperarse, ardió Troya; de por sí, las cosas no estaban muy bien entre él y yo, ¡y ahora esto...! Mi esposo estaba tan enfadado que ni siquiera se dio cuenta de que mi nombre estaba mal escrito; no fue sino hasta después de una fuerte discusión que por fin entró en razón y pudo darse cuenta del malentendido, pero a mí me lastimó profundamente su falta de confianza.

Estaba agotada de tantos conflictos, y mientras intentaba encontrar una salida a ese atolladero, quedé embarazada por segunda vez.

Ahora con dos niños, las cosas se volvieron más complejas, y en medio de las tensiones nuestra relación se iba deteriorando cada vez más. Llegamos al extremo de golpearnos, cosa que no debe ocurrir nunca entre una pareja, y mucho menos delante de los niños. Yo sabía que esa situación se nos podía ir de las manos en algún momento, pero no lograba encontrar la solución.

Las mismas reacciones que había visto en mi casa y que tanto me habían hecho sufrir, ahora las repetía en mi matrimonio como si fuera autómata; simplemente, no sabía hacer las cosas de otra manera, y a pesar de que era lo que menos deseaba en la vida, parecía estar condenada a repetir la historia, una y otra vez.

Mi esposo y yo vivíamos en medio de muchas carencias; no teníamos ni siquiera una mesa para comer. Estuvimos mucho tiempo tratando de terminar un cuarto nuevo antes de que llegara nuestro tercer bebé, pero no pudimos hacerlo, y eso fue realmente frustrante. Ahora estábamos mi esposo y yo, más nuestros tres niños, viviendo en el mismo cuarto; nuestra casa se iba pareciendo cada vez más a la de mis suegros, y eso me aterraba. No quería que mis hijos vivieran en esas condiciones.

Por suerte, en ese entonces contaba con el trabajo en la Clínica Materno-Infantil; tener un empleo formal me ayudó mucho. Sin embargo, aún tenía muchos factores en contra, pues en aquella casa todos parecían incomodarse por el hecho de que yo tuviera un empleo formal y relativamente bien remunerado. Esa situación me afectaba constantemente debido a mi falta de autoestima; algunas veces, hasta yo misma me sentía culpable de tener esa posibilidad.

No siempre somos conscientes de cuánto daño podemos hacer con nuestras palabras, en especial a los niños. A tan corta edad, todo lo que dicen los adultos se toma como cierto, y yo crecí escuchando palabras no muy gratas sobre mí; he tenido que hacer un gran esfuerzo para cambiar esos programas negativos que se instalaron en mi mente.

Cuando ya de adulta me vi a mí misma con tres hijos, con un esposo alcohólico y sin el apoyo de mis padres, honestamente sentí que no podía tener algo mejor.

Por supuesto, toda esta situación me afectaba profundamente, y reconozco que debido a mi propio descontento cometí muchos errores como madre; a pesar de que me había jurado no maltratar nunca a ningún niño, en más de una ocasión las circunstancias me hicieron perder el control: pegué, grité, insulté, tal y como lo hicieron conmigo.

Nuestros padres no contaron con nadie que les enseñara una mejor manera de hacer las cosas, y tuvieron que ir aprendiendo todo sobre la marcha. Prácticamente, cada hijo era un experimento nuevo.

Reconozco que estaba en un círculo vicioso, repitiendo sobre mis hijos lo mismo que a mí me había causado tanto daño. Había sufrido como hija, y ahora sufría como madre, hasta que pude comprender que yo no tenía por qué repetir mi historia.

Allí me di cuenta de que mis padres hicieron un gran esfuerzo para criarnos lo mejor que pudieron dentro de sus posibilidades; solo entonces pude mejorar la relación con mi madre, y empecé a verla con amor y agradecimiento.

A mi modo de ver, ser madre es mucho más que traer un hijo al mundo: es, sobre todo, una decisión de dar vida, y no solo al momento de concebir un nuevo ser, sino a lo largo de toda su existencia.

Es verdad que las mujeres estamos dotadas del instinto maternal, pero eso solo no resulta suficiente: A ser madre también se aprende. Desgraciadamente, yo estaba tan distraída con mis problemas que ignoré que había mucha información en las bibliotecas que frecuentaba cuando estudiaba enfermería.

¿Has pensado que el día que das a luz a tu hijo, tú también naces como madre?

En cierto sentido, nacemos y crecemos con nuestros hijos; con cada uno intercambiamos lecciones de vida que son únicas e irrepetibles; sin embargo, no aprendí a relacionarme sanamente con los míos de una forma equilibrada.

No había reglas o límites; me iba a los extremos de permitir todo, porque recordaba que fui tratada duramente, o de infligirles castigos y golpes a sus frágiles cuerpecitos cuando veía que no funcionaba ser blanda para disciplinarlos.

No logré cubrir sus necesidades emocionales, y poco a poco, sin conciencia de ello, iba quebrantando su autoestima.

La sobrecarga de labores dentro y fuera de casa lleva a niveles de estrés inimaginables, que disminuyen nuestra tolerancia y aumentan la intensidad de la percepción, haciendo más grande cualquier situación que ocurre alrededor. Esto provoca que nuestras respuestas sean las que guardamos en el subconsciente, y no las reacciones lógicas que tuviéramos si tomáramos un minuto para pensar que esos inocentes pequeñitos merecen nuestro amor incondicional y los cuidados que un día, al tenerlos por primera vez en brazos, les prometimos.

De una u otra forma, todas las madres experimentamos un conflicto interno entre nuestras propias expectativas y lo que nos presenta la realidad. Hoy en día muchas mujeres se cuestionan porque tienen que compartir su rol de madres con el tiempo que dedican al empleo y a las labores del hogar; el resultado es que, generalmente, terminan agotadas y con el sabor amargo de no estar haciendo las cosas bien.

¿Cómo orientarnos entre una infinidad de modelos y patrones que pretenden decirnos cómo ser "la madre perfecta"?

La respuesta es muy sencilla: la madre perfecta es aquella capaz de responder a las necesidades particulares de cada uno de sus hijos. En otras palabras, no hay fórmulas ni recetas para ser una buena madre; solo debes seguir la brújula de tu corazón, que te indicará la manera más acertada de relacionarte con cada uno de los seres que han venido al mundo a través de ti.

En medio de la avalancha de información con la que contamos en el presente, necesitamos saber diferenciar lo que realmente es apropiado para nosotras y para nuestros hijos; seguir nuestro instinto forma parte del proceso de convertirnos en la mejor madre que podamos ser.

Si algo necesitan nuestros hijos son madres felices, que los acepten a ellos y a sí mismas, sanas y equilibradas en cuerpo, mente y espíritu, que puedan manejar de forma adecuada el estrés, la frustración y los demás problemas psico-emocionales que genera nuestra compleja cotidianidad.

Cuando te sientas agobiada por tus tareas de mamá, recuerda que tus hijos no pidieron venir al mundo, y que muy pronto crecerán. ¿Qué esperas cosechar en sus corazones, y qué semillas realmente estás sembrando?

Nuestros hijos aprenden con el ejemplo; no tiene sentido hablarles de felicidad mientras ellos nos vean tristes.

Somos el espejo a través del cual nuestros hijos se ven a sí mismos y a todo lo que les rodea… ¡Procuremos reflejarles siempre la mejor imagen posible!

Una de las lecciones más importantes en la vida de cualquier ser humano es el sentirse importante y valioso para alguien más; de hecho, saberse amado y aceptado es una necesidad vital.

Por supuesto que todos tenemos momentos en los que nos resulta difícil mantener la calma y el control; sin embargo, vale la pena recordar que se tratan simplemente de eso: momentos, es decir, fracciones de un tiempo mucho más extenso: el de la vida.

Un momento de ofuscación puede arruinar la vida de tu hijo hasta su vida adulta; por ello, procura mantener siempre la consciencia de que cada una de tus palabras, cada uno de tus silencios, cada una de tus acciones y cada una de tus omisiones se convertirán en semillas que van a germinar en el terreno abonado de su pequeño corazón.

7.
AL OTRO LADO DE LA LÍNEA

Si no encuentras tu camino,

¡háztelo!

David Casinos

Un día fui con mi suegra a una fiesta en casa de unos amigos de la familia; acepté su invitación para no quedarme aburrida en la casa, pues mi esposo siempre se iba sin decirme a dónde, y nunca me invitaba a nada.

Al llegar al lugar, lo encontramos en esa casa bailando con una mujer; no se sabía con certeza si había algo entre ellos, pero yo me sentí humillada; de alguna manera, era la confirmación de que nuestra relación ya no daba para más, o al menos eso creí.

Muchos factores habían conducido a la fractura de mi matrimonio, comenzando por nuestros propios desbalances emocionales, que se fueron intensificando a medida que la vida se volvía más compleja.

Una de las cosas que más le incomodaban a mi esposo era que en mis trabajos yo siempre ganaba más que él. Para mí eso no era un problema; por el contrario, siempre tuve la mejor disposición para que progresáramos juntos a pesar de las limitaciones; incluso, hice varios intentos de inversión para iniciar algún negocio familiar que pudiera generar ingresos no solo para nosotros, sino también para beneficiar a mi suegra y mis cuñados, pero ninguno de esos proyectos prosperó.

Para ese momento, las cosas en la casa habían cambiado; mi suegro ya no vivía más allí, pero curiosamente venia de vez en cuando y se quedaba a pasar la noche con mi suegra, para volverse a ir al día siguiente como si nada. Yo no sé si hubiera podido tolerar algo semejante, pero eso es muy normal en nuestra cultura mexicana: el privilegio que les permite a los hombres seguirse comportando como niños, aunque tengan sesenta años, perdonándoles todas sus "travesuras" hasta el día que mueren de viejos.

En el fondo, me daba mucha tristeza ver esa relación; era tan sin sentido como la que yo tenía con mi esposo, aunque nadie se atreviera a admitirlo.

Para ese momento, las cosas en casa eran muy difíciles; yo había dejado de trabajar, y lo que él ganaba alcanzaba cada vez menos. Mi madre solía ayudarnos con ropa y zapatos para los niños, y muchas veces con comida. Mi padre emigró hacia los Estados Unidos, un mes antes del nacimiento de mi tercer hijo, y en los seis meses siguientes, ya lo habían hecho también mi hermano, su esposa, mi mamá y mi hermana.

Mi esposo no fue la excepción en arriesgarse por el cambio: le propusieron emigrar, y aceptó a la primera. Llegó a Estados Unidos después de varios intentos fallidos, y comenzó a trabajar.

Enviaba dinero, pero no era suficiente, pues tenía que pagar primero la deuda de los gastos del viaje y además costearse sus gastos del día a día.

Yo me cuestionaba si valía la pena que mis hijos vivieran separados de su padre.

Quizás fue la distancia, pero nos empezamos a extrañar; con el tiempo uno descubre que hay vínculos con el otro que van más allá de lo romántico, aunque esas son cosas que uno solo las puede comprender cuando las vive.

Lo cierto es que un día, de la nada, decidimos que nos iríamos todos; lo conversamos un martes y el siguiente lunes ya estábamos mis niños y yo en camino a los Estados Unidos, listos para buscar el sueño americano.

Me dolía perder mi título de enfermera, pero solo pensaba en mis hijos; me repetía a mí misma que yo podía trabajar de lo que fuera si eso nos ayudaba a estar mejor; así lo pensaba entonces, y lo reafirmo hoy: por mis hijos y por su felicidad, ¡todo!

Comenzó nuestra travesía; cuando estás intentando migrar de la forma en que lo estábamos haciendo, siempre tienes ese sentimiento de que algo no anda bien, de que cualquier cosa puede pasar, pero a pesar de todo intentas relajarte. En mi caso, yo tenía a mis tres hijos conmigo, así que eso era sencillamente imposible.

Llegamos a la primera casa en la que nos recibieron en la frontera, en Agua Prieta, Sonora, y cuando entré en ese lugar, yo no podía creer lo que veía…

En un cuarto gigante repleto de colchonetas y almohadas, había gente tirada por todas partes; algunos estaban bañados en tierra, como si hubieran pasado horas caminando antes de llegar, como en efecto muchos lo hacían; otros se veían muy tristes; otros estaban postrados, como si estuvieran enfermos.

Había de todo: todos los olores, todos los sonidos, todas las edades; no digo *"clases sociales"* por lo obvio: solo había gente pobre; quizás unos más que otros, pero todos pobres, rodeados de mucho polvo y calor.

Los coyotes habían hecho un trato con mi marido: ellos se iban a llevar a mis hijos en carro y yo cruzaría a pie, pero milagrosamente, las cosas no se dieron así.

La verdad fue que se desentendieron de nosotros por completo; prácticamente nos estafaron, pero fue lo mejor que nos pudo pasar; yo no hubiera podido estar en paz sabiendo que mis hijos estaban en manos de esos desalmados que trafican con las ilusiones y las vidas de las personas necesitadas.

Esa noche nos quedamos en aquella casa, según los coyotes, para recargar baterías:

—*Traten de descansar; guarden agua, lleven ropa oscura y comida para el camino. Los que llevan niños, doble precaución*— Esas fueron las palabras de "buenas noches".

No podía dormir; pensaba en lo dura que es la vida del pobre; en todas las cosas a las que uno se expone por necesidad, tratando de sobrevivir lo mejor que se pueda.

Veía a mis hijos dormiditos uno junto al otro; yo estaba muy ansiosa, pues lo único que veía con claridad era que estábamos ante un mar de incertidumbre. Nadie conoce con certeza el drama de los que cruzan la frontera hasta que lo vive; es algo que ya pasó a ser parte de lo que somos: un montón de gente que se arriesga a exponerse a las peores condiciones tratando de proveerse una vida mejor.

Lo peor es que esto ocurre todo el tiempo, como si fuera lo más normal del mundo, y quizás sí lo es: es lo común y corriente en este mundo lleno de hostilidad. Eso que pasa ahí todos los días es un gran retrato del mundo.

Pensaba también en México, en su gente, y en mis hijos, que también son hijos de México. Lo que nos ha tocado a muchos mexicanos no ha sido fácil; admiro y respeto profundamente a mis paisanos que deciden arriesgarse por el cambio, aunque con ello estén arriesgando sus vidas.

Cuando llegó el momento, nos montaron en un carro, todos apretujados y en silencio; allí también iban dos de mis primos y unos parientes lejanos a los que había visto alguna vez; a todos parecía darles mucha pena verme en esa situación con mis niños.

Ya teníamos un montón de horas rodando sin saber a dónde íbamos. Nadie hablaba; solo se escuchaba el sonido del viento y los neumáticos levantando el polvo de la carretera. De repente, nos detuvimos en medio de la nada y nos mandaron a bajar del vehículo.

El chofer arrancó apresuradamente y sólo nos quedamos con uno de los guías, quien se puso delante del grupo, y comenzamos a avanzar hacia lo desconocido.

Sacando fuerzas de no sé dónde, yo caminaba impulsando a mis hijos: el mayor con cuatro años, mi niña con tres, y el más chiquito que no llegaba a los dos años. Las horas pasaban y yo ya estaba extenuada; mis niños muy valientes no dieron lata; me pesaba haberlos expuesto a este riesgo, a ellos que son mi orgullo y mi adoración. Sin embargo, ya no había marcha atrás.

En un punto del camino nos salió al paso una pandilla de varios hombres que se encontraban escondidos entre los matorrales; iban armados hasta los dientes; nos encañonaron y nos ordenaron hincarnos en el suelo, poniendo nuestros bolsos al frente para comenzar a revisarlos, uno por uno.

Yo estaba aterrada, pero intentaba mantener el control para no alarmar a mis hijos que se aferraban a mí muertos de miedo; lo único que yo llevaba era un billete de cien pesos, pero cuando me interrogaron les dije que no tenía nada. No pensé en que nos iban a revisar, y si llegaban a descubrir que les había mentido, las cosas se iban a poner peor.

Como pude, me deshice del billete, pero sospecharon de mi maniobra; entonces se acercó uno de los matones y me encañonó. Poniendo la punta de su rifle a pocos centímetros de mi cara, me indicó que caminara.

Apenas nos alejamos unos pocos metros, me ordenaron hincarme de frente al grupo y bajar mi pantalón; me negué, y eso enfureció a los delincuentes; uno de los tipos gritó agitando el arma en mi cara, repitiendo la orden de bajarme el pantalón.

Mis primos me decían que hiciera caso; los demás solo bajaron la cabeza para no observar la escena; mis hijos lloraban, y yo sentía la rabia hervir dentro de mí al tiempo que obedecía la orden.

Tuve que bajarme también mi ropa interior, para que el delincuente pudiera verificar que no estaba escondiendo nada. Fue humillante. Lo único que mantenía mi dignidad a salvo era tener cubierta mi intimidad con la camiseta que me quedaba larga. Por fin se dieron cuenta de que no tenía cosas de valor encima y me dejaron regresar al grupo con mis hijos, mientras se apuraban a quitarle todo lo que pudieron a los demás y se esfumaron, no sin antes advertir que nos quedáramos hincados por cinco minutos más, mientras ellos desaparecían.

La caminata continúo por algunas horas más; mi cabeza estaba revuelta de pensamientos, pero curiosamente sentía en mi corazón una paz que me embargaba, pues habíamos salido ilesos del incidente.

Aquellos maleantes hubieran podido matarnos, quizás hacerles daño a los niños, y nadie hubiera podido impedirlo. Lo que más me indignaba era pensar que esos tipos eran mexicanos como nosotros; seres que se dedican a asaltar a sus propios compatriotas que vienen frágiles, en busca de refugio. Eso me pareció monstruoso.

Seguimos adelante, asustados por aquella aterradora experiencia; todos íbamos en silencio, y teníamos que pegarnos a los arbustos en cuanto se oía el helicóptero de vigilancia.

El camino se me hizo interminable; por suerte las personas conocidas me ayudaban de cuando en cuando a cargar a mi niño pequeño, pero en realidad hice casi todo el viaje con él en brazos, y mis primos cargaron a mis hijos mayores cuando ya no podían más.

El desgaste físico de la travesía, sumado al golpe emocional que nos había causado el robo, tenía también su cuota en el cansancio general que se sentía en el grupo. Yo creo que mi mente generó un bloqueo, porque igual seguí adelante sin que nada ni nadie lograra detenerme.

Mis hijos y yo siempre nos quedábamos rezagados, pues no podíamos avanzar al paso de los demás que no llevaban niños. Solo había arbustos y montículos de tierra; era fácil perderse.

Un par de veces entre en pánico al darme cuenta que no lograba divisar al grupo; fue en uno de esos momentos en que escuché gritos de emoción y corrimos a ver de qué se trataba.

—*¡Llegamos a "La Línea"!*—; así es como se le llama al límite imaginario que divide a México de los Estados Unidos.

8.
EL SUEÑO AMERICANO

Nuestro destino nunca es un lugar,
sino una nueva forma de ver las cosas...
Henry Miller

Nunca le había dado al agua la importancia que merece, hasta ese día; poder tomar al menos un poco era una verdadera recompensa.

Seguimos unas cuantas horas más; de nuevo escuchamos venir el helicóptero, y otra vez corrimos a escondernos debajo de los arbustos. A pesar de ser tan chiquitos, mis niños percibían que algo grave ocurría cada vez que la aeronave nos sobrevolaba, y al oírlo ellos mismos me avisaban:

—*¡Corre mamá, escóndete!*

Yo tenía sentimientos encontrados: por una parte, me llenaba de orgullo ver a mis pequeños tan despiertos, valientes y leales, pero por otra, me dolía que estuvieran pasando por todo eso, como si fueran unos delincuentes.

Pensaba en todo lo que dejaba atrás para siempre: familiares, amigos, las deliciosas comidas de mi país... ¡No había terminado el viaje y ya estaba extrañándolo todo! Por momentos sentía que se me iban a salir las lágrimas, pero me controlaba, agarraba nuestras cosas y seguía caminando, aunque la tristeza y la incertidumbre me envolvían.

Llegamos por fin al sitio donde se suponía que vendrían a recogernos, pero allí no había ninguna distinción: para mí, seguía siendo un punto indeterminado en el medio del desierto.

Hay gente que siente placer al hablar por hablar, pero las palabras pesan; logran grandes efectos sobre las personas. Recuerdo que en ese momento alguien comentó con imprudencia:

—*A veces pasan días antes de que vengan a buscarte.*

Por suerte, a los pocos minutos llegó nuestro transporte.

Yo ya sabía que nos pasaban escondidos, pero no me imaginaba que iba a ser así: dentro del vehículo acomodaron a los hombres cubiertos con mantas, haciendo las veces de asientos; las mujeres nos sentábamos encima, y los niños iban acomodados en nuestros pies; todo aquello era con la intención de pasar desapercibidos.

Estaba realmente asustada, pero me empecé a tranquilizar al escuchar que ya "la habíamos librado".

Finalmente llegamos a Douglas, Arizona, sanos y salvos, pero nunca los mismos.

Allí llegó una pareja a buscarnos; yo nunca los había visto, pero eran un primo de mi papá con su esposa. Nosotros estábamos muertos de hambre y traumatizados por el trayecto tan desquiciado; nos compraron hamburguesas a mí y los niños, y comenzó nuestro viaje de inmediato: diecisiete horas de carretera desde Arizona hasta Utah.

Durante todo el camino, yo preguntaba más que los niños cuánto faltaba para llegar. Mi temple y mi coraje los había dejado con los coyotes; ahora me sentía tan perdida como en el desierto, en esas largas carreteras que parecen no llevar a ningún sitio. En el fondo, creo que tenía urgencia por llegar para poder decir finalmente que estábamos a salvo; todavía no me he perdonado las cosas que tuvieron que vivir y ver mis hijos estando tan chiquitos.

Llegamos a la casa de mi papá; él vivía con uno de mis hermanos y su familia, un amigo y mi esposo, que ya había preparado el cuarto para recibirnos.

Fue agradable volver a verlos luego de esa inmensa travesía; uno de mis hijos no conocía a su abuelito; y los otros ya no lo recordaban, pues eran unos bebés cuando él se tuvo que venir a los Estados Unidos.

La reunión fue muy especial; todos estaban contentos. Para cualquier inmigrante es muy duro no contar con apoyo al llegar a este país; es un caos para la mente: nuevas costumbres, un idioma desconocido... Resulta arduo aclimatarse y aprender a desenvolverse, teniendo la premura de generar recursos, y más aún cuando se ha viajado con niños.

Una conocida de la familia me dio las primeras orientaciones acerca de los lugares en los que te regalan comida y donde conseguir ropa barata de segunda mano, así como las clínicas para llevar a vacunar a los niños.

Los primeros meses fueron los más difíciles; cada vez que mis hijos escuchaban un helicóptero, corrían a esconderse debajo de cualquier cosa, incluso estando dentro de la casa. Fue bien complejo explicarles que estábamos fuera de peligro; estaban traumatizados, y no era para menos. Yo también lo estaba; de hecho, pasaron meses antes de que me atreviera a salir a la calle.

Mi esposo trabajaba en un restaurante chino, desde las diez de la mañana hasta casi la media noche, y a esa hora hacíamos las compras de la casa, aprovechando que aquí, en Utah, hay tiendas que no cierran.

No me atrevía a salir sola, no conocía a nadie, no sabía cómo moverme, ni mucho menos hablaba inglés.

Con mi marido tampoco podía compartir mucho; él trabajaba todos los días a todas las horas, pues estaba urgido por pagar la deuda que había adquirido por nuestro viaje; apenas lográbamos dormir juntos en las noches, y durante el día no dejaban de surgir las situaciones incómodas típicas de un ambiente en el que conviven muchas personas hacinadas.

Un par de meses después de haber llegado, recibí una paliza por parte de mi cuñada, la esposa de mi hermano, que también vivía en la misma casa. Era de noche, casi la hora en que salían de trabajar todos los hombres que vivían en casa: mi papá, mi esposo, mi hermano y el amigo. Lo que encontraron al llegar fue un caos tremendo: estaban los policías que atendieron la llamada de auxilio, los bomberos y paramédicos, todos en la pequeña sala de la casa tratando de poner orden.

No quise levantar un reporte policial, debido a que mi padre y mi hermano me pedían que no lo hiciera porque "iba a dañar a la familia ".

Parecía que no veían el estado en que me encontraba gracias a mi cuñada.

Tuve que ir a la sala de emergencias del hospital; me metieron a la máquina para resonancia magnética para ver si había daños internos o fracturas, y me suturaron una herida en la frente. Mi rostro estaba completamente arañado, y aproximadamente la mitad de mi cabello revuelto ya no estaba adherido al cuero cabelludo.

Le pedí a mi esposo que me sacara inmediatamente de esa casa; no me importaba que allí estuvieran viviendo mi hermano y mi padre; no quería volver allí.

Él reconoció que yo estaba en lo cierto, y se atrevió a llamar a unos amigos que había hecho recientemente; eran varios hombres, todos muy amigos, que vivían en un departamento pequeño, de solo dos habitaciones.

En un cuarto estaban dos chicos que yo no conocía, y en el otro los amigos de mi esposo, quienes nos recibieron con cariño y mucha comprensión esa misma noche. Ellos fueron realmente muy amables; nos cedieron su cuarto y se fueron a la sala a dormir, para que pudiéramos pasar la noche juntos en familia. Siempre les estaré agradecida por haberme devuelto la fe en la humanidad.

Al tiempo pudimos alquilar un departamento solo para nosotros; era grandioso poder contar con nuestro propio espacio, pero ahora, además de la deuda del viaje, debíamos sumar el pago de la renta.

Nunca había dinero para planificar nada; sin embargo, los amigos que nos recibieron en su apartamento de vez en cuando me invitaban a pasear a mí y a los niños; así fue como comenzamos mis hijos y yo a ver otras cosas, pues en realidad mi esposo estaba tan ocupado que no podía pasar tiempo con nosotros.

Estábamos muy limitados económicamente; la ropa la comprábamos de segunda mano, y sin las ayudas alimentarias del gobierno probablemente no llegábamos a fin de mes, pero la idea de tener una pareja, un matrimonio, es apoyarse y salir adelante juntos.

Al principio, yo acondicioné un carro de supermercado con una cobija en el fondo, para que los niños pudieran estar ahí dentro, mientras yo caminaba durante horas buscando comida o comprando las cosas de la casa; todo por no saber tomar un autobús, por la angustia de que costara mucho dinero, por el tema del idioma... En ese entonces yo todavía tenía mi autoestima muy lastimada, y me daba vergüenza molestar; por eso no preguntaba nada a nadie.

Un día se me acercó una vecina, intrigada al verme todos los días bregando con mi carrito, y me preguntó por qué yo caminaba tanto; le expliqué que no sabía tomar el autobús, así que por eso me había inventado esa súper carriola con la que recorría la ciudad para arriba y para abajo. Ella no lo podía creer.

En medio de su sorpresa, ella misma me hizo el inmenso favor de explicarme cómo se tomaba el autobús; cuando uno no sabe, es como un niño; solo hace falta que alguien te quiera explicar las cosas con cariño y consideración. A partir de ese día, las bondades del transporte público me cambiaron la vida. ¡Cómo lo disfruté!

No se pagaba por lo niños, porque eran menores de 6 años; las diligencias empezaron a volverse más sencillas, y fue por esos días que conseguimos una escuela para mi hijo mayor. Cuando lo vi atareado con sus clases de inglés, supe que necesitaba aprender para poder ayudarlo. Fue por él que me decidí a aprender inglés, sí o sí.

9.
ENCONTRANDO MI LUGAR

Más vive el alma en donde ama

que en donde habita...

San Juan de La Cruz

El territorio en que nacemos forma parte de nuestra identidad, es decir, nos da un sentido de pertenencia y arraigo, una sensación de "ser" de alguna parte, y determina en muchos aspectos las personas en quienes nos convertimos. Decidir establecerse en un país distinto es una experiencia apasionante y enriquecedora, pero también, inevitablemente traumática; es como nacer por segunda vez.

Quizás por eso, a mí me llena tanto poder contribuir desde diversas organizaciones en las que actualmente participo, haciendo más placentero ese proceso de adaptación para otras mujeres hispanas que llegan a este país buscando un mejor horizonte para ellas y sus familias, tal y como lo viví yo en su momento. No es sencillo encontrarse en medio de un proceso de transición, en el que sientes que no perteneces a ningún lugar;

De acuerdo con mi experiencia y las consecuencias que esto generó en mis hijos a la larga, puedo afirmar que la condición migratoria es especialmente sensible desde el punto de vista humano.

Si lo vemos más allá de la mirada convencional, cada ser humano es como un cofre repleto de sueños y posibilidades; cada persona que migra es un tesoro en tránsito, capaz de enriquecer el nuevo entorno en el que se asiente con todas las bondades de su alma y de su cultura.

Yo tenía un año aquí cuando mi mamá se vino de México por segunda vez, y coincidió con el momento en que por fin encontré mi primer empleo en una agencia temporal de construcción que estaba aceptando mujeres para labores livianas.

Le pedí a ella que se encargara de los niños para yo dedicarme a trabajar; fueron dos semanas intensas de labores que nunca había realizado, aunque los lugares eran bellísimos. El once de septiembre de dos mil uno, fue mi primer día de trabajo en USA, en un rancho de Heber, y pude darme cuenta de que las personas estaban murmurando muy nerviosas. Yo no entendía nada de lo que estaba pasando; a duras penas sabía que existía

Nueva York, pero ni siquiera estaba muy segura de dónde quedaba.

Sin embargo, a pesar de no saber la geografía, entendí que ese día cambio la vida de todos los habitantes de este país que yo había adoptado como mío; en ese momento tomé consciencia de que ya era hora de comenzar a hacer parte de esta nueva realidad, en lugar de dejar que la vida me pasara por un lado, y estaba segura de que, al hacerlo, yo estaría ayudando a mis hijos a integrarse también.

El primer aspecto al que decidí darle prioridad fue el idioma; yo veía a muchas madres que no hablaban inglés, pagando traductores y enfrentando un sinfín de dificultades adicionales al hecho de estar viviendo en un país ajeno. Para los hispanos, el idioma se considera la barrera más difícil de superar cuando vienen a los Estados Unidos; se trata de un principio humano: si no puedes comunicarte, estás perdido.

Entonces me dije:

—*Tengo que aprender, ¡y debo hacerlo ya!* —Fue todo un reto para mí.

No tenía inconveniente en comprender el inglés; de hecho, podía leerlo y entenderlo bastante bien, ya que lo había estudiado durante la carrera; lo difícil para mí era hablarlo y pronunciarlo, y cuando tenía que hacerlo me trababa, se me olvidaba todo, así que dejaba de intentarlo.

Esta vez era diferente, pues tenía la mejor motivación: mis hijos. De no haber sido por ellos, yo no me hubiera tomado en serio el aprender inglés, porque era algo que no estaba en mí; ese era uno de los muchos traumas que yo arrastraba como un bolso con piedras que me acompañaba a todas partes. Así fue durante mucho tiempo, hasta que decidí sacarle una piedra al bolso siempre que puedo. ¡Cada vez le quedan menos!

Mis hijos han sido una pieza fundamental en ese proceso; por ellos me decidí a reconstruirme a mí misma.

Ser padres es una escuela sin igual que nos enseña la escencia de la vida; hay cosas que haces con el primero de tus hijos que ya no repites con los demás, porque has descubierto que no te dieron los mejores resultados, y lo normal es que desees ser mejor cada vez, o que al menos lo intentes.

Nadie dijo que fuera fácil; sobre todo cuando aún hay muchas cosas sin resolver dentro de nosotros mismos. A veces sientes que estás dentro de un túnel que se alarga mientras intentas avanzar; comienza a ponerse más y más oscuro ahí dentro, y no logras ver la salida. Entonces te convences de que tienes mala suerte, de que las cosas malas te pasan porque sí, porque naciste marcado. Déjame decirte que eso no es así.

Cuando descubres que solo necesitas ser perseverante y aprender a mantenerte firme en tus convicciones, comienzas a ver que, de pronto, todo se empieza a aclarar. La lucidez te permite darte cuenta de muchas cosas que hacías por desconocimiento, por instinto, pero al cambiar tus acciones, notas que cambian también tus resultados, no solo contigo mismo, sino también en tu relación de pareja y en el vínculo con tus hijos.

Eso es lo que significa atreverte a moldear la vida que deseas, y no simplemente conformarte con la que te tocó vivir; solo entonces podrás ver la luz al final del túnel.

No me cansaré de insistir en que vivimos en una época privilegiada, en la que tenemos la información al alcance de la mano; nuestros padres y abuelos no contaron con las herramientas que hoy en día nosotros podemos accionar para encontrar las respuestas y redireccionar nuestra vida hacia un destino mejor.

La lucha con uno mismo es la más difícil; tú eres tu más grande adversario. Las cosas no ocurren nada más porque las digas; requieren constancia y esfuerzo, pues cada día es una nueva batalla.

Hubo un tiempo en el que no me gustaba nada de mí, y para colmo, la negatividad de mi esposo aumentaba mis inseguridades.

Recuerdo que en uno de los pocos días de calma, le conté que había intentado regresar a la casa de mis padres y no me lo permitieron; fue lo peor que pude hacer. Después de eso, cada vez que teníamos un pleito y yo lo amenazaba con irme, se burlaba de mí, diciendo:

—¿Y a dónde vas a ir? Ni tu propia familia te quiere.

Cuando empecé a estudiar, pude comprender lo que sucedía con él... Y conmigo.

Estábamos atrapados en un círculo de codependencia, o lo que es igual, dependencia emocional; en otras palabras, no podíamos vivir el uno sin el otro, pero tampoco el uno con el otro. Es algo similar a lo que dice la canción: "ni contigo, ni sin ti". Sin embargo, yo solo pude darme cuenta de esto gracias a mis estudios en el área de la salud, y fue así como, teniendo consciencia, pude con el tiempo encontrar la solución.

La codependencia se origina en la infancia, cuando no crecemos con la libertad para expresar nuestras emociones y sentimientos, o cuando no logramos generar una idea positiva de nosotros mismos y nuestro propio valor.

Algo que yo desconocía y que me dolió descubrir es que los hijos de padres adictos buscamos inconscientemente estar cerca de personas con los mismos patrones de conducta que de alguna manera nos recuerden las situaciones que ya conocemos, pues, aunque nos han hecho sufrir, constituyen nuestra zona de confort.

Descubrir esta condición de mi relación puso en evidencia que yo también sufría una adicción, no solo a mi esposo, sino a la contradictoria tensión entre amor y odio que se había generado entre nosotros desde siempre.

Para poder darse, la codependencia necesita de dos factores: una persona que maltrate, y otra que se deje maltratar, con la salvedad de que ninguna de las dos es consciente del rol que están jugando. Ambos pierden la perspectiva, y no logran darse cuenta de que la violencia comienza a reinar entre ellos.

A menos que uno de los involucrados reaccione y rompa el círculo, las relaciones codependientes terminan siendo autodestructivas; por lo general, quien es maltratado justifica la violencia del otro, y es capaz de olvidarse de sí mismo con tal de permanecer en la relación.

La codependencia es una consecuencia de la falta de autoestima; una persona que no se siente valiosa creerá que no es digna de amor, y tratará de ganárselo por todos los medios posibles, incluso aceptando humillaciones, abusos, maltratos, descalificaciones, anulaciones, groserías, y violencia de todo tipo.

Lo peor de este comportamiento es que impide a quien maltrata la posibilidad de responsabilizarse de sus actos y de sí mismo.

Hoy me siento una mujer exitosa, pero no por lo que tengo, sino por lo que soy, y por todo lo que he logrado superar por mis propios medios.

No tengo miedo de caer, porque sé que siempre encontraré la forma de volver a levantarme. Por muy penoso que sea lo que me toque vivir, no voy a doblegarme ante las circunstancias; estoy dispuesta a continuar, pase lo que pase, mostrando siempre mi mejor sonrisa.

Cada mañana me reafirmo frente al espejo; me miro a los ojos y me digo:

—*Yo Puedo...Yo Valgo...Yo Existo...Yo Soy...*

10.
LA ESCUELA DE LA VIDA

Da la vuelta a tus heridas
y cámbialas por sabiduría.

Oprah Winfrey

La familia en la que nacemos es algo que no elegimos, pero que se convierte en el centro de nuestra vida; es allí donde se entreteje nuestra relación con nosotros mismos, con los demás y con el mundo que nos rodea. Es en nuestra infancia, junto a nuestra familia, cuando se siembran las semillas, tanto positivas como negativas, que van a germinar cuando seamos adultos.

Como padres, no nos las sabemos todas; por el contrario, vamos aprendiendo con cada uno de nuestros hijos. Todos son distintos entre sí: cada uno tiene su propia alma, su propio temperamento, y esto tiene mucho qué ver con el momento en que vinieron al mundo.

Una de las primeras cosas que tuve que aprender a la mala fue que los hijos no nos pertenecen; vienen a través de nosotros, pero no tienen la obligación de quedarse a nuestro lado; hay que darles su espacio para que crezcan y terminen de realizarse como seres humanos.

Cuando mi hijo mayor cumplió 16 años, me confrontó. No hizo ningún berrinche; solo me dijo que ya era grande, que ya era un hombre, y que había tomado la decisión de irse de la casa. Fue la última vez que lo vi en los siguientes dos años.

Claro que las cosas iban mal, claro que había tensión en el ambiente, pero mi ignorancia y ausencia de autoestima no me dejaban espacio para razonar y encontrar soluciones. Él estaba en malos pasos: drogas y pandillas, y dentro de ese contexto, mil escenarios posibles pasaban por mi mente, todos terribles; yo vivía en una zozobra constante, temiendo que en cualquier momento me llamaran para decirme que estaba muerto, o que había matado alguien.

El principal motivo de su malestar era el ser inmigrante y sentir que estaba en un lugar al que no pertenecía.

—*¿Por qué me trajiste aquí?* —Esa era su pregunta recurrente, y mi corazón afligido quería darle las respuestas que calmaran sus angustias, pero yo sabía que mis razones nunca serian válidas para él.

Era verdad: yo nunca pedí su opinión, pero en medio de lo que él llamaba *"mi egoísmo"*, yo solo pensaba justamente en él y en sus hermanos; me vendieron el sueño de una mejor vida y de oportunidades infinitas, y eso quería para ellos: Una vida libre de carencias; darles la oportunidad de ser lo que quisieran ser.

Quería que crecieran teniendo un padre a su lado, y no solo recibiendo los regalos que les mandaba desde la distancia; sin embargo, en ese punto todo parecía en vano: mi hijo decidió forjar su camino tal y como pensaba que era su conveniencia.

Fueron dos años sufriendo por su ausencia, con una gran culpa cargada a cuestas, martirizándome a cada instante por los miles de posibles trágicos finales.

No podía dejar de pensar... ¿Pasará frio? ¿Tendrá un techo que lo resguarde y le dé abrigo? ¿Habrá comido? ¿Seguirá con vida? Tuve que confiar en Dios y en su gran misericordia; Él no deja sin respuesta las oraciones de quien lo busca con el corazón dolido.

Fue un tiempo de mucho dolor, pero también de aprendizaje; lo que estaba pasando no era lo que yo quería, pero era lo que mi hijo había elegido; confié en que encontraría en su camino la sabiduría que le ayudara en su crecimiento.

Entendí que los hijos llegan a nuestras vidas para permitirnos cumplir nuestra misión de ayudarles a convertirse en seres independientes; entonces, con todo el dolor de mi corazón, pero deseándole lo mejor de la vida y pidiendo al cielo bendiciones en su camino, lo dejé ir de mis dolorosos pensamientos.

Le di la libertad de ser quien él quisiera ser; de vivir sus experiencias y sus errores desde su propio punto de vista; de luchar sus propias batallas y que las victorias fuesen sólo suyas. Yo no decidí más en su vida; me convertí únicamente en una espectadora, esperando ver su próximo capítulo.

A todos mis hijos yo los he amado desde siempre y con todo mi corazón, pero durante mucho tiempo, considero que no fui una buena madre; iba de un extremo al otro, del amor a los golpes, sin ningún control. Cuando él se fue de la casa, yo sentí que en gran medida era por mi culpa, pues siendo el mayor, él llevó siempre la peor parte; desde que llegamos aquí lo cargué con demasiadas responsabilidades, exigiéndole más de lo que un niño de su edad podía dar.

Cuando estuvo en problemas con la policía la primera vez, yo lo ayudé con la fianza, no sin antes haber platicado bastante él y yo acerca de que todo acto tiene consecuencias y amerita que uno se responsabilice, pero él no me escuchó.

Sentí alivio cuando por fin formó una familia; la llegada de su primer hijo biológico le dio cierta madurez, aunque seguía con la rebeldía de querer que las cosas fueran a su modo.

Por segunda vez se vio envuelto en problemas; en esta ocasión fue por una cuestión menor, pero el confrontar a las autoridades provocó que al final las cosas no fueran tan sencillas. Yo estaba en vísperas de una cirugía importante y no tenía dinero para pagar la fianza; mucho menos para pagar un abogado. Lo deportaron; ni siquiera tuvimos tiempo de despedirnos.

Ya tiene varios años fuera de los Estados Unidos; vive en México con su novia, quien sin pensarlo dos veces decidió irse con él; son una familia completa: mi hijo, mi nuera y sus hijos mayores, quienes me llaman "*abuela*", y a los cuales le pedí a mi hijo que tratara como si fueran suyos, sin que jamás cometiera una injusticia con ellos. Se suma al grupo mi tercer nieto, el hijo que tienen en común. ¡Adoro verlos cada vez que tenemos la oportunidad!

Al principio llegaron a instalarse en el mismo cuarto donde vivíamos antes de venirnos a los Estados Unidos; al poco tiempo se fueron a Nayarit, y posteriormente a Mexicali, en donde hoy radican.

No puedo evitar una lágrima de felicidad cuando su esposa me cuenta que mi hijo me extraña, y sobre todo que me comprende. Un día se me hizo el milagro que soñaba, cuando recibí una llamada suya para decirme:

—*¡Te quiero mucha mamá!*

Mis ojos han visto el cambio en su forma de vida; me llena de orgullo saberlo un hombre responsable que hace lo mejor posible por su familia.

Con mi hija, las cosas fueron diferentes; ella siempre estuvo cerca de mí, aunque también atravesó por una etapa de rebeldía, pero no la culpo.

En ese entonces ella tenía catorce años, y las cosas en mi casa habían vuelto a empeorar: mi esposo y yo nos habíamos separado, y por si fuera poco, ella estaba siendo víctima de *bullying* en su escuela. Se podía decir que no tenía paz en ninguna parte; fue cuando empezó a cortarse y hacerse daño a escondidas.

Comencé a buscarle orientación; fui a consejería, luego la llevé a terapias, psicólogos y todo lo que se puedan imaginar, hasta que ella misma se me plantó y me dijo de frente que el problema no era ella, sino yo. Fue como una revelación: entendí que tenía que tratarme para aprender a cuidarla mejor.

Con el tiempo, superó todos esos conflictos, y a medida que yo iba mejorando en mi forma de hacer las cosas, ella fue dejando de hacerse daño. Lo que realmente necesitaba era mi atención; mi equilibrio era su bienestar.

A los 18 años se fue de la casa con su novio; hacía tiempo que la relación entre nosotras era tensa, y le molestaban las reglas de la casa.

Mirando hacia atrás, me doy cuenta de que mi ausencia le lastimaba, pero fue en esa etapa cuando yo más tenía que trabajar, pues estaba atravesando por el divorcio con su padre. Eso dio pie para que ella tomara esa decisión tan radical. Mientras la veía organizar su equipaje, supe que no iba a poder convencerla de quedarse; sin embargo, decidí que iba a decirle las cosas que yo hubiera deseado escuchar años atrás, el día que yo tomé esa misma decisión:

—*Yo sé que nada de lo que te diga te va a hacer cambiar de opinión, pero quiero que sepas que te bendigo. Eres la niña de mis ojos, de mi corazón, de mi vida... Eres parte de mí, y no quiero cambiar nada de ti. Eres perfecta ante los ojos de Dios, y ante mi corazón. Quisiera evitarte dolores y sufrimientos, pero no puedo; no debo intervenir en tu crecimiento personal, espiritual y en el propósito de vida que Dios ya tiene para ti. Sin embargo, estaré a tu lado siempre que me necesites, para ser tu apoyo, tu consuelo, o tu porrista que te empuje a la siguiente meta. Te amo hija; nunca dudes de eso. Aquí estaré por si me necesitas.*

Ese día, cuando nos despedimos, ninguna lloró; sin embargo, al verla desaparecer por esa puerta, mi llanto fue inconsolable.

Le pido perdón por no haber sido valiente; por heredarle patrones y conductas nocivas para su vida; me ha dolido reconocer que la lastimé desde pequeña, aún incluso desde que estuvo en mi vientre. No solo vio lo peor de mí, sino que lo vivió conmigo; le di a otros el poder de decidir por ella qué hacer y qué no hacer, como cuando ella quería acompañar a su papá en su trabajo y él la rechazaba con dureza diciéndole que eran "cosas de hombres".

Mutilé su confianza y entusiasmo al darle el ejemplo de una mujer sumisa que se extinguía ante las opiniones de otros, y no la defendí cuando lo necesitó. Hoy me llena de orgullo verla desafiando lo que dicen que una mujer debe o no debe hacer; se mete a reparar los carros, se llena de grasa sin preocuparse por las uñas o el peinado, y sé que realmente lo disfruta; se preocupa por los desvalidos, poniéndose en su lugar y ayudando lo más que puede. Sé que lo aprendió porque a ella le faltó quien la defendiera y la apoyara de ese modo.

Me nacen sentimientos encontrados, algo que va desde la culpa y la tristeza por el pasado, hasta la admiración y el orgullo por el gran ser humano que es en el presente. Daría lo que fuera por borrar los malos recuerdos de su corazón; lo único que me queda es confiar en un plan divino para ella, y por fe, creer que lo que viene para su vida es mejor, porque con Dios, todo es posible.

El más chico de mis hijos siempre tuvo buen carácter; es chistoso por naturaleza. Cuando iba a nacer, dijeron que estaba enredado en el cordón umbilical, y que tendrían que hacerme una cesárea para sacarlo de mi vientre.

Sin embargo, contra todo pronóstico, vino al mundo por parto normal, y llorando fuertemente para que todos se enteraran de que había llegado.

Desde pequeño, me impactó su personalidad, su carisma y su resiliencia. Cuando me veía enfadada, rápidamente buscaba la manera de hacerme reír, y yo me calmaba como por arte de magia; gracias a él aprendí a ver la vida de otra manera.

Jugaba solo y apartado; se veía muy independiente, y demostraba un increíble talento innato para planear y organizar recursos y tiempo; sin embargo, cuando fue creciendo, lo que yo veía como independencia no era más que un signo de cómo se sentía en realidad: aislado. En medio de todas mis ocupaciones yo no lo había podido detectar; por mi cabeza no pasaba la idea de que pudiera necesitar ayuda, y lo expuse a la toxicidad de un pasado no resuelto que recibí como herencia de familia.

Él era el más gordito de la casa, y nosotros lo molestábamos "por cariño", al igual que le ocurría en la escuela. Eso no era agradable para él, pero no lo comprendí sino hasta el día en que me dijo que había aprendido a reírse de sí mismo para que no le hicieran daño las burlas de los demás. Por suerte, desarrolló la misma fortaleza que demostró desde el día en que vino al mundo. Él me ha enseñado a no rendirme; es mi inspiración para seguir evolucionando.

Mis dos primeros hijos se fueron de casa contra mi voluntad, pero con él, fue diferente. A pesar de ser buen chico y de estar estudiando arduamente, me parecía injusto que dejara la casa tirada y los platos en que comía sin lavar; muchas veces le recordé que no era su empleada, sino su madre, y que debía ayudar con los quehaceres.

Tenía dieciocho años cuando le dije:

—*Bueno mijo, o aportas económicamente para la casa, o ayudas con las labores, porque si no, te puedes ir a donde te dejen vivir gratis y en tus términos.*

A él no le gustó mi planteamiento, y decidió buscar dónde vivir; lo que pudo rentar fue una parte de una sala en la casa de unos amigos suyos que vivían amontonados como podían, sin ninguna privacidad y en un ambiente menos que saludable. Duró un par de meses allí y luego volvió bajo mis condiciones, pero al poco tiempo prefirió nuevamente mudarse, solo que esta vez lo hizo a donde su papá.

Me dolió esa decisión; me sentí traicionada. Sin embargo, tenía que pasar por la experiencia y darse cuenta de la forma en que vivía su padre, para poder decidir cómo querría vivir él en el futuro.

Mi hijo cayó en un conflicto; tuve que explicarle que los hijos no son responsables de las decisiones que tomamos los padres, y que él no podía obligar a su papá a hacer las cosas de otro modo, pero sí estaba en sus manos evolucionar, hacer las cosas de otra manera, mejor quizás que como las hicimos nosotros.

Siento orgullo por los logros de mi hijo. Desde la *High School* (Escuela Preparatoria), logró conseguir una beca con la que pagó sus estudios en el *college*; una vez allí, comenzó a viajar, y un día tuvo la oportunidad de visitar la playa de San Diego; allí pudo ver con sus propios ojos ese enorme y largo muro que separa a México de los Estados Unidos: de un lado, estaban las familias mexicanas y los deportados; del otro, los ilegales y los americanos.

Esto le generó un choque tremendo, y fue entonces cuando decidió que dedicaría su vida al activismo conciliador, tal y como lo hace hoy en día, orientando y ayudando a otros inmigrantes a obtener sus becas, y motivándolos para que continúen sus estudios. También es profesor en línea y artista de murales; tiene varias obras en toda la ciudad y está desarrollando un proyecto con un museo.

A mis tres amados hijos, les pido perdón por todos los dolores y resentimiento que puedan guardar por causa de mis acciones en el pasado; admiro su fortaleza y su decisión de buscar su propio camino; ese valor que han desarrollado fue quizás el que a mí me faltó para haber sido una mejor mamá y darles un mejor ejemplo.

Quiero recordarles que no me deben nada; son libres de elegir su destino en donde quieran, con quien quieran y como quieran; confío que sus decisiones los llevarán a encontrar la felicidad que buscan y merecen. Dentro de ustedes, tienen las respuestas.

11.
EN EL OCASO...

Dormía, y soñaba que la vida era alegría;

me desperté, y vi que la vida era servicio.

Serví, y vi que el servicio es alegría...

Rabindranath Tagore

Al poco tiempo de estar aquí, me acerqué al Consulado Mexicano buscando información para revalidar mi título de enfermera aquí en USA y poder ejercer esa labor que me apasiona. Me atendió una licenciada que me dijo:

—*¿Qué piensan ustedes, los que se vienen así? Esto ya no sirve para nada; aquí no es más que un papel. No tienes seguro, no hablas inglés... Mejor ve a limpiar casas, como todos los demás... De enfermera no vas a poder trabajar aquí; ¡eso te lo aseguro! Ponte a ver las noticias, a ver si aprendes inglés.*

Es incomprensible una actitud como esa en una funcionaria que se supone que está en ese cargo para servir a los mexicanos; sin embargo, en ese momento mi escasa autoestima se resintió, y salí llorando de ahí.

Al llegar a mi casa, escondí mi título debajo del colchón, como si fuera algo de lo que más bien tuviera que avergonzarme, y a partir de ese momento, me resigné a mi nueva realidad: comencé a desempeñarme en diversos trabajos esporádicos, unos mejores que otros, hasta que finalmente caí en un restaurante italiano, y allí conocí a un señor que por casualidad -o quizás no-, era de Guanajuato, como yo, solo que él se había graduado en una especialidad en química.

Siempre bromeaba diciendo que estaba estudiando la química del pan, pero un día, ya con un poco más de confianza, me atreví a comentarle que yo me había titulado enfermería en México, y entonces sí lo vi ponerse muy serio.

—*Tal vez no puedas llegar a ejercer la enfermería como lo harías en nuestro país*—me dijo —*pero si quieres trabajar en tu campo, tienes oportunidad si estudias para ser CNA (Certified Nurse Asistent); serías una Asistente de Enfermera Certificada.*

Ese consejo me dio la valentía que necesitaba para volver a la escuela, pero antes debía hablar con el dueño del restaurante donde trabajaba. Por fortuna, era un señor realmente generoso y comprensivo, que en lugar de enfadarse, me felicitó, diciéndome que él celebraba cuando la gente luchaba por superarse.

Me cambió los horarios a conveniencia de mis clases, y de esa manera fue posible para mí estudiar y trabajar. Para obtener la certificación había que presentar un examen ante un jurado estatal; logré aprobarlo, así que comenzaría con mis labores de enfermería en pocos días.

Cuando le informé a mi jefe en el restaurante que había conseguido empleo en mi profesión, no solo me felicitó, sino que me dio además un generoso bono de retiro.

Volviendo al tema laboral, yo no tengo nada en contra de realizar labores de limpieza; uno viene aquí dispuesto a hacer lo que tenga que hacer, pero dentro de mí siempre estuvo la expectativa de ejercer mi carrera.

Hoy en día soy Asistente de Enfermería en una Unidad de Rehabilitación y Cuidados a Largo Plazo, donde me ocupo de mejorar la calidad de vida de los adultos mayores. ¡Me encanta lo que hago! Me llena sentir que puedo contribuir a que las personas que cuido se sientan bien.

Sé que a muchos de ellos les queda poco tiempo; a otros, no lo sé; a todos les doy mi amor y mi afecto por igual. La mayoría de ellos no pueden valerse por sí mismos; sin embargo, es de ellos de quienes recibo la mejor retribución, que es su agradecimiento y su sonrisa.

Me encanta cuidar a "mis abuelitos", como me gusta llamarles; muchos de ellos tienen más de veinte años conviviendo en ese asilo, que es mi sitio de trabajo. Ellos y mis compañeros se convirtieron en mi otra familia, ya que justamente comencé a trabajar cuando se iniciaron los trámites de mi divorcio. Para mí, su compañía fue la mejor terapia que pude tener en ese momento de mi vida.

Yo llego todos los días repartiendo abrazos; abrazar es un negocio redondo, porque cuando tú abrazas, siempre obtienes lo mismo de regreso.

La pandemia frenó ese ritual diario, haciendo necesario el permanecer distanciados, y por ende, ya no podíamos abrazarnos. También nos vimos restringidos en cuanto al tiempo que dedicábamos a los cuidados básicos de los pacientes.

Ya no podía quedarme conversando con ellos mientras medía su presión arterial; todo se hizo más frío, como robotizado. Se prohibieron las visitas de amigos y familiares, y esto los dejó completamente aislados; fueron días muy tristes, pero por fortuna, a la fecha de hoy, en este 2021, ya todos han sido vacunados, al igual que el personal que está a cargo de sus cuidados.

Las visitas se han reiniciado, y todos estamos sanos y contentos, cosa que agradezco a Dios.

Este trabajo me ha planteado retos difíciles, pero también me ha llenado de satisfacciones y aprendizaje; creo que a través de mis pacientes he logrado comprender la vejez, y a través de esta lección es que más he aprendido de la vida.

Ahora ya sé cómo quiero vivir cuando me convierta en anciana, gracias a que ellos me lo han enseñado a su manera: algunos están muy amargados y frustrados; se les siente la pesadez en su ánimo y la contagian a los demás; en cambio, están los que han decidido vivir plenos, convirtiéndose en verdaderos maestros en el arte de ver el lado positivo ante cada situación. Así, como ellos, es que yo quiero envejecer.

Al poco tiempo de ingresar a trabajar aquí, una de las abuelitas me contó que su madre le había enseñado a mantener siempre una sonrisa, incluso en las peores circunstancias; para mí fue muy revelador escucharla, pues en ese entonces yo no sonreía; incluso, muchos me temían, porque pensaban que yo siempre estaba enojada.

La verdad es que no sabía sonreír; en cambio ahora, puedo sonreír cada vez más, y tener cada día una mejor actitud, tal y como me lo hizo comprender esa dulce ancianita.

Siempre me ha apasionado indagar acerca del origen de las palabras y su significado; por lo general me encuentro con hermosas sorpresas, y ese fue el caso de la palabra "sabiduría", que se deriva del verbo "saborear", es decir, "gustar", "deleitarse"...

Fue con el tiempo que se aplicó este término al gusto por el saber y el conocimiento, pero no deja de parecerme sumamente poético y acertado el sentido inicial, ligado al disfrute por la experiencia de la vida.

Parece mentira que nuestra sociedad haya olvidado el respeto y consideración que merecen los adultos mayores; es algo que me toca evidenciar día a día, y que me rompe el corazón: Desde negarles sus necesidades elementales, hasta maltratarlos de manera explícita, o sencillamente ignorarlos precisamente en esta etapa de la vida en la que ya lo han dado todo por sus familias, por su trabajo, por su país.

Nunca me van a convencer de lo contrario: la forma en que nos comportemos con los más vulnerables es la verdadera medida de la grandeza de nuestro espíritu.

Ojalá y fuera una convicción el hecho de honrar los últimos años de los seres que han caminado delante de nosotros, allanándonos el camino con sus acciones, sus experiencias y sus consejos. Les estoy profundamente agradecida a mis abuelitos; me siento muy bendecida de poder cuidarlos, de haber aprendido a abrazar, a dar cariño, y especialmente a sonreír. Me he propuesto tener puesta siempre la mejor sonrisa, hasta en la peor adversidad.

Trabajé tres años con ellos en rehabilitación, cuando estuve como asistente en terapia; poder contribuir en los cuidados de un convaleciente de cirugía, ver cómo se recupera y se va a su casa feliz, es un milagro que tengo el inmenso honor de presenciar a menudo, y eso hace que todo el esfuerzo haya valido la pena. Ellos me dan mucho más de lo que yo les doy.

Vivimos bajo la peligrosa tiranía del culto a la juventud; a mi juicio, este es un criterio que nos acorta la posibilidad de disfrutar a plenitud cada etapa de nuestra vida, porque incluso nosotros mismos nos cuestionamos por envejecer, olvidando que se trata del proceso natural del existir.

Algo que esta experiencia me ha enseñado es que uno se arrepiente más de lo que no hace, que de lo que se atreve a hacer. Por eso, hoy me cuido mucho de no desperdiciar ni un solo segundo de mi presente en lamentaciones.

Quiero que, en el ocaso de mi vida, pueda seguir manteniendo la misma sonrisa que me acompaña hoy, en cada instante de mi presente.

12.
ESPEJISMO

Me matas poco a poco con tu ausencia,

y tu insípida manera de quererme,

pero me resucitas con un beso...

y la historia se repite siempre.

José Villa

Una verdad que no puedo negar es que mi vida estuvo marcada por el padre de mis hijos, por un sinfín de razones.

A través de él descubrí el amor, o mejor dicho, todos los tipos de amores posibles; él me abrió la puerta a los sentimientos más intensos que he experimentado, siendo el vehículo de mis mayores alegrías, de mis peores tristezas y mis más atrevidos placeres.

Debido a mi baja autoestima y del sinfín de situaciones en que estábamos envueltos, yo me sentía muy necesitada de afecto; hubo alguien que comenzó a tener muchas atenciones conmigo, y no era mi marido.

Con la intención de no ocultar nada, se lo confié a mi esposo, a pesar de que supuse que se enojaría; pero en lugar de sentir celos, o de enmendar su descuido hacia mí, me propuso aceptar aquellas atenciones y llegar a "otro tipo de experiencias".

Por supuesto, yo nunca había estado familiarizada con ese tipo de ideas; no me cabía en la cabeza que un hombre tan celoso como mi marido pudiera hacerme semejante proposición; sin embargo, él volvía a insistir.

La gente habla de adicciones y uno piensa de inmediato en drogas y en alcohol; nunca en la comida, internet, juegos de cartas, como el caso de mi padre, o videojuegos, las compras, el trabajo, o el sexo, que en sus diferentes manifestaciones se puede convertir en la peor de todas. Ese era nuestro caso.

Entre nosotros se generó una terrible codependencia emocional reforzada por la actividad sexual; es fácil decirlo cuando tomas distancia, pero en aquel momento, no había razonamiento ni límites.

Acepté sus propuestas, animada por la curiosidad de experimentar lo que creía que pasaba solo en sueños prohibidos, y la sensación de placer que me daba el sentirme deseada por alguien que no era mi esposo.

Cada vez que él me buscaba, yo me sentía eufórica, más atractiva, más mujer; en el momento era como una dosis de autoestima; un escape a mi trastocada realidad; por eso, cada vez sentía que necesitaba más que atenciones.

Y sucedió.

Realmente, lo nuestra era una adicción, con todo lo que eso conlleva: satisfaces con placer la necesidad, hasta sentir culpa y vergüenza, y luego vuelves... y vuelves... y vuelves.

Cuando decidí ponerle un freno a la situación, mi esposo no quería parar. Entonces caímos en un ciclo vicioso: él insistía, y a pesar de que una parte de mí ya no quería hacerlo, yo cedía.

Así estuvimos durante algún tiempo, fluctuando entre el deseo y la culpa, una y otra vez; él siempre encontraba la forma de convencerme, o tal vez, muy en el fondo, otra parte de mí lo deseaba también; en ese "no, pero sí", seguía pasando el tiempo.

Comencé a tener miedo de que mis hijos se enteraran, pues ya estaban creciendo y se daban cuenta de muchas cosas. Además, ya no había emoción; todo se volvió una especie de frenesí, sin rastro de sentimientos. Lo que me daba placer en algunos momentos, en otros era el motivo de la vergüenza que acababa con mi casi nula autoestima.

A pesar de que dejamos de lado esa experiencia, mi esposo no dejaba de fantasear con la idea de que había un tercero; solo hablaba de las cosas que haríamos con alguien más la próxima vez, y a mí me comenzó a desagradar que me lo dijera. De hecho, empecé a tener la sensación de que me usaba; para él yo me había convertido prácticamente en un objeto, y nada más.

Por ese tiempo, mi esposo había conseguido trabajo en una construcción donde le pagaban bien; en realidad fue el trabajo en el que más dinero ganó.

El jefe lo estimaba mucho; se lo llevaba a comer a restaurantes de lujo y a disfrutar de actividades recreativas en las que nunca tenía que pagar nada; prácticamente estaba en una situación soñada, aunque nunca lo llegó a invitar con la familia. Quizás eso era lo que a él más le gustaba.

Estaba encantado con ese trabajo, con la gente que conocía, los restaurantes que visitaba, pero un día la compañía quebró y lo despidieron; el mundo se le vino abajo, en especial su autoestima, que quedó por el suelo.

Sufrió una terrible depresión que no supimos sobrellevar; en lo personal, me empecé a desesperar por ese cambio tan drástico. Parecía otra persona.

Un día, cansada de la situación, le exigí que se fuera de la casa; le empaqué sus cosas y se las puse en la calle. Profundamente dolido y enojado, se marchó, pero no pasó mucho tiempo antes de que regresara.

Durante tres años se fue y volvió una infinidad de veces; al principio se comportaba como el príncipe azul del que me enamoré perdidamente: venia limpio y perfumado, comportándose como un caballero, pero sin compromiso de ninguna índole; me lo dejaba saber después de los momentos de pasión que se seguían repitiendo, cuando sin un adiós se marchaba de mi casa.

Me indignaba la actitud indiferente que recibía de su parte, después de obtener mis favores en la cama., pero yo lo seguía permitiendo.

Nunca le negué que me gustaba todo lo que pasaba en nuestra intimidad; creo que fue lo que nos unió desde el principio. Podíamos pasar la noche entera haciendo el amor, y sin embargo, al marcharse él, yo me sentía usada, sucia y vacía.

Un día decidí confrontarlo, y mirándolo a los ojos le pregunté:

—*Dime una cosa: ¿Vas a volver algún día para quedarte?*— Me dijo que no.

Empecé a tramitar el divorcio, como si eso rompiera el ciclo vicioso en que estábamos inmersos, pero fue peor; ahora me decía que un papel no iba a cambiar los sentimientos, que aún me quería... ¡Y yo feliz, pensando que tal vez ahora si se arreglarían las cosas!

Hoy sé que, más que sus sentimientos, lo que le movían eran sus bajos deseos, y sus intenciones de seguir teniendo derechos sobre mí.

Luego del divorcio, él continuaba viniendo y yo aceptándolo; a veces teníamos intimidad, a veces no; me sentía culpable por la forma en que lo había sacado de mi casa, y al mismo tiempo, en mi mente resonaban frases como: ¿Quién te va a querer más que él? ¡A nadie le interesas! ¿Quién más se va a fijar en ti? *¡Ni tu familia te quiere!*

En un punto le dije que estaba haciendo conmigo lo mismo que su padre hacía con su mamá; sin embargo, en lugar de entrar en razón, seguía repitiendo las visitas.

Mi miedo a estar sola era muy grande; comencé a salir con amigos y a frecuentar con ellos los sitios nocturnos; durante aproximadamente dos años salí a divertirme cada fin de semana, pero al llegar a casa volvía a experimentar ese sentimiento de soledad y vacío, sumados al dolor del rechazo de alguien a quien amaba tanto a pesar de las circunstancias, o al menos, eso creía.

En realidad, la codependencia no tiene nada qué ver con el amor; de hecho, es todo lo contrario. Cuando somos codependientes, no podemos alejarnos de la otra persona porque pensamos que la necesitamos para vivir; dicho de otra manera, la codependencia es una relación que se basa en nuestras carencias afectivas y emocionales, producto de necesidades insatisfechas, especialmente durante la infancia.

Por supuesto que todos los seres humanos necesitamos afecto, pero cuando esto nos conduce a callejones sin salida en los que quedamos a merced del otro, o cuando estamos dispuestos a soportarlo todo, a aceptarlo todo incluso por encima de nosotros mismos, estamos cayendo en un comportamiento patológico que solo se equilibra mediante el cultivo del amor propio, la autoestima y el conocimiento de sí mismo.

Algo que me impactó descubrir fue que los hombres y las mujeres codependientes asumimos formas diferentes de comportamiento: ellos tienden a encubrir su necesidad de control mediante la agresividad y el menosprecio hacia su pareja, mientras que las mujeres recurrimos al autoengaño y la negación para justificar el hecho de permanecer en la relación, a pesar de saber que no es satisfactoria.

Lo grave del asunto en que, ante esta condición, ninguno de los dos está en la capacidad de salirse del conflicto, sino todo lo contrario: generalmente, lo alimentan cada vez más. El primer paso para salir del laberinto es tomar consciencia de la situación, aunque muchas veces esto no es suficiente; sin embargo, no cabe duda de que es el comienzo.

Con el tiempo, logré comprender que estaba cegada por el espejismo que me generaba la idea de un amor distorsionado, la necesidad de un abrazo, la intimidad satisfactoria del momento, el pensar que todo podría arreglarse algún día...

Hoy sé que estaba envuelta en una gran codependencia emocional que en el fondo no era más que la suma de nuestros miedos e inseguridades.

13.
Nada oculto bajo el sol

El que busca la verdad
corre el riesgo de encontrarla.

Manuel Vicent

Estando en el *baby shower* del primer bebé de nuestra hija, nos enteramos de que la madre de mi exesposo había fallecido; esa noche, él vino borracho y triste a buscarme; me confesó que sentía mucha culpa por la forma en que se había comportado con su mamá en vida; estaba realmente afectado, pero finalmente el cansancio lo venció y se quedó profundamente dormido.

Entonces, tuve un impulso, y por primera vez en todos los años que estuvimos juntos, me atreví a revisarle el teléfono; por supuesto que él le había puesto clave, sin embargo yo lo conocía tan bien, que pude adivinarla al primer intento.

Descubrí que estaba teniendo un romance con una mujer casada; sentí que me moría de tristeza, pero no por lo que había entre ellos, pues nosotros ya estábamos divorciados y, en teoría, él podía hacer lo que quisiera, aunque la realidad era que no habíamos salido del vínculo de codependencia y nos seguíamos viendo. Mi dolor fue descubrir la forma en que él la trataba: en los mensajes le hablaba con un cariño, una comprensión y un afecto que yo nunca recibí de su parte.

Era como si nunca lo hubiera conocido; después de tantos años de dureza y amargura, por fin pude ver cómo era su dulzura, aunque fuera para otra mujer, o mejor dicho, para muchas otras...

Pude darme cuenta de que le enviaba mensajes a numerosas mujeres; entonces tomé fotos de todo como evidencia.

Al día siguiente le dije que había revisado su celular, y que ya estaba al tanto de todo; no quería volver a tenerlo cerca, y esta vez hablaba en serio. Aun así, él insistió en negarlo; lo que no le dije fue que me había quedado con imágenes de esas conversaciones.

Un mes después, aún seguía buscándome para continuar la relación, pero esta vez ya estaba decidido; después de haber sido su esposa, yo no estaba dispuesta a pasar a ser la amante. Saber que existía alguien más en su vida me dio la fuerza necesaria para negarle la entrada a mi dormitorio. Era temporada de fiestas navideñas, cuando se supone que las familias están más unidas que nunca; pero en nuestro caso, hacía ya tiempo que no debíamos estar juntos. Aun así, pasó la última Navidad en casa.

En enero nació mi nieto; pasé toda la noche en el hospital con mi hija y mi yerno, y al día siguiente me fui directo a trabajar; fue un día agotador. En un principio, le dije a mi hija que no regresaría sino hasta el día siguiente, pero con la emoción de ser abuela por primera vez, cambié de opinión y decidí regresar para llevarles a los felices padres algo para comer, y al llegar me encontré allí a mi ex esposo.

Estaba perfumado, muy bien arreglado, con el pelo recién cortado; no puedo negar que me emocionó verlo así, y de hecho, comencé a buscarle conversación acerca del nieto recién nacido; pero lo noté evasivo. De pronto, la vi llegar.

La mujer a quien mi esposo trataba con tanto amor en sus mensajes, era nada menos y nada más que una de las amigas de nuestra hija, por supuesto hermosa y mucho más joven que yo.

Algo en mi interior se rompió. El ver como la recibían mis hijos, con tanta amabilidad y felices por su visita, me llenó el corazón de tristeza. Ella se sabía aceptada, y me lo demostró saludándome como si fuera lo más normal del mundo.

Me levanté para despedirme y me fui; mientras avanzaba hacia la salida, todo iba cuadrando en mi mente; me sentí la más tonta una vez más, pero tenía que reconocer que era mi culpa: todo lo bonito que había idealizado no eran más que castillos en el aire; situaciones que jamás iban a pasar. Era hora de despertar y hacerme cargo únicamente de mí. Debía empezar a amarme a mí primero.

Jamás había llorado tanto en mi vida.

A los días, decidí empezar a hacer algo diferente para solucionar la situación, y me preparé para ir a hablar con ella.

Yo sabía perfectamente en dónde vivía, así que fui a buscarla a su casa y me recibió su esposo, quien amablemente me indicó que ella no estaba en casa, pero que no tardaba en llegar.

—*¿Me permite esperarla?* — le pregunté, y él me hizo pasar con una cortesía que me hizo darme cuenta de que no tenía idea de nada.

En efecto, ella llegó al poco tiempo, y al verme en su casa se sorprendió, pero disimuló ante su esposo, como si nada estuviera pasando.

Por consideración a él y sus hijos, opté por salir de ahí y la invité a tomarnos un café como si fuéramos las mejores amigas; no le quedó más remedio que aceptar.

Una vez en la cafetería, le dije:

—*No vengo a reclamarte, pues ya no tengo nada que ver con él; incluso, ya tengo el divorcio firmado hace mucho tiempo. Sin embargo, como mujer y como madre, tengo que decirte que yo ya he pasado por donde tú estás, y tal vez algún día te vas a arrepentir de hacer lo que estás haciendo. Si lo quieres tanto, ¡divórciate y hagan su vida juntos! Porque tus hijos te están viendo, y los puedes dañar.*

—*Estamos así porque queremos*— me respondió.

Su respuesta me dio a entender que no había nada qué hacer ahí; sin embargo, en un último gesto de justicia conmigo misma, le conté lo que había descubierto: que ella no era la única mujer con quien él estaba saliendo. Le mostré las evidencias que tenía, incluso los mensajes con ella, que eran los que me habían abierto los ojos a la realidad.

Ella fue perdiendo la serenidad; se notaba molesta, y tal vez pensaba que todo aquello era provocado por mi despecho. Finalmente, preguntó:

—*Todavía lo quieres?*

Me levanté poniendo fin a la conversación, mientras le contestaba:

—*Sí, lo quiero... ¡Pero me quiero más a mí misma! Así que no te preocupes. ¡Quédatelo! Es todo tuyo.*

Salí de ese lugar completamente diferente; sentí que me había quitado un gran peso de encima.

Por mi mente pasó todo lo que había vivido hasta ese momento, como si fuera una película. Me acababa de dar cuenta, a mis ya más de cuarenta años, de que estaba completamente sola desde hacía mucho tiempo.

Por primera vez en la vida, me veía en un punto en el que estaba solamente conmigo misma; todo aquello por lo que alguna vez había luchado se había esfumado. Estaba con las manos vacías.

Fue como tocar fondo; ya no había más a donde ir. Me dolió aceptar que había tenido que pasar por esas situaciones y perder todo lo que un día creí tener, para recuperarme a mí, a la mujer que vivía en mí, y que en realidad no conocía.

Toda mi familia estaba de regreso en México; mis hijos habían crecido y ya no me necesitaban a su lado, y mi matrimonio se había terminado, desde ya varios años.

Era hora de tomar mi vida en mis propias manos y hacerme responsable de mí misma.

Hasta hoy día, no he vuelto a toparme con él. Durante mucho tiempo viví con miedo a la soledad, y quizás fue por eso que permití tantas cosas indebidas, pero ya lo he superado, y ahora valoro como un gran tesoro la lección aprendida gracias a esa experiencia.

Disfruto mi casa, disfruto el poder tener esa privacidad que antes no tuve; siempre sonrío, hago lo que quiero; soy mi mejor amiga y me esfuerzo por aprender cosas que ayuden a mi desarrollo.

Por instantes siento culpa por la forma en que permití que sucedieran ciertas cosas, pero el pasado no se puede arreglar; prefiero enfocarme en no repetir mis errores. Cuando aprendes que tienes el poder de cortar con los círculos viciosos, no vuelves a sentirte débil nunca más.

Hasta el momento, no he vuelto a convivir románticamente con nadie más, ni a entregarme de la manera que lo hice; haber comprendido que no necesito de otros para sentirme completa es una sensación extraordinaria; yo diría que ésta es la verdadera libertad.

Comencé entonces un proceso de reconexión conmigo misma a través de la naturaleza. ¡Amo ver las flores! Ellas me permitieron replantearme mi propia visión sobre la vida. Me di cuenta de que las mujeres somos como las flores: existimos de todos los tipos y colores; todas valemos; todas somos especiales y únicas. Descubrir esa verdad me permitió por fin verme al espejo con orgullo y sentir deseos de cuidarme y quererme más que nunca.

Durante muchos años, los traumas que arrastraba desde mi niñez no me permitían resistir mi propia imagen; por esa razón siempre evité verme en el espejo; sin embargo, eso cambió desde aquel día en la cafetería, cuando pude por fin reconocer mi propio valor. ¡Fue como haber roto un hechizo!

Con el tiempo han comenzado a aflorar también los buenos recuerdos de las cosas positivas que hizo quien compartió conmigo la vida durante tantos años: él me dio a mis hijos; me cuidó luego de cada parto con la mayor devoción; se encargó de lavar, planchar y cocinar mientras yo cuidaba a nuestros bebés... En fin, muchas cosas bellas que decido atesorar de esos veinte años de matrimonio.

Me queda como tarea el seguir mejorando, por mis hijos y por mis nietos, ya que mientras contemplo cómo crecen, veo que desafortunadamente tienden a repetirse ciertos patrones que yo apliqué como madre y que mi madre aplicó conmigo, solo que ahora puedo identificarlos.

Les corresponde a mis hijos resolver esas carencias, pero lo más valioso para mí es sentirme en condiciones de ayudarlos a mejorar y cambiar. Como toda madre, yo no quiero que ellos cometan mis errores, pero esa es una decisión que tienen que tomar por ellos mismos...

14.
LO QUE APRENDÍ...

Camina siempre por la vida

como si tuvieses algo nuevo que aprender...

¡y lo harás!

Vernon Howard

Ojalá llegue el día en que los adultos comprendamos con suficiente amplitud la importancia que tenemos en la vida de nuestros hijos, no solo por traerlos al mundo, sino sobre todo por la forma en que los preparamos para estar en él, brindándoles las herramientas necesarias para que puedan vivir una vida plena y feliz.

La psicología nos ha enseñado que no vemos el mundo "como es", sino "como somos"; en otras palabras, nuestra apreciación de la realidad está sujeta en gran medida a nuestras experiencias, a nuestros pensamientos, a la forma en que interpretamos todo lo que ocurre a nuestro alrededor, pero mientras nos vamos procurando todo esto, son nuestros padres los responsables de brindarnos su visión.

Es a través de la forma como nuestros padres se relacionan con la realidad que nosotros aprendemos a vincularnos con ella; es de la forma en que somos tratados por nuestros padres que descubrimos cuánto valemos y de qué somos capaces; es de acuerdo al respeto que recibimos de los mayores que adquirimos la capacidad de asumir y administrar nuestros sentimientos y emociones en la vida adulta.

Por las razones que fuera, mi entorno de la infancia estuvo cargado de mucha pesadumbre, y la razón de ser de este libro ha sido relatar mis experiencias como parte de un proceso de liberación.

Durante mucho tiempo viví enfocada en llenar las expectativas que los demás tenían sobre mí; no me daba cuenta de que había una gran diferencia entre lo que todos esperaban y lo que yo realmente quería, y hubo momentos en los que me sentí perdida de mí misma, porque realmente había extraviado mi escencia.

Fue gracias a las crisis que, paso a paso, logré reencontrarme, volver al camino que me iba a conducir a mi propia plenitud. Hubo una frase que leí una vez, y me pareció perfecta: "No vivas para agradar a nadie; sé tú mismo, y la gente correcta llegará a tu vida".

Nadie nos dice cómo vivir; no venimos a este mundo con un manual de instrucciones, y definitivamente no es sencillo encontrar el secreto de la felicidad. Por eso, estoy convencida de que, más que un estado al que llegamos algún día, ser feliz es una forma de ser que podemos adoptar mientras hacemos este viaje que llamamos "vida".

Desde que nacemos estamos expuestos al conflicto de ser nosotros mismos, o de complacer lo que otros desean de nosotros; es así como nos hemos convertido en una generación a la que le cuesta tanto expresar lo que siente y cumplir sus propios sueños; sin embargo, confío en que nuestros hijos no van a pasar por lo mismo, debido precisamente a nuestra propia experiencia.

La autenticidad tiene que ver con la honestidad y la valentía de atrevernos a seguir nuestro corazón; implica conocernos, entendernos, confiar en nosotros mismos, saber con certeza lo que sentimos ante cada situación y atrevernos a expresarlo.

Vivir desconectados de lo que sentimos es como morir antes de tiempo; la sociedad, las personas cercanas, o incluso nosotros mismos, terminamos imponiéndonos patrones de conducta que, muchas veces, seguimos por conveniencia o por miedo a sentirnos rechazados.

Se necesita una buena dosis de valentía para mostrarnos ante el mundo tal y como somos, pero te aseguro que no hay placer mayor que atreverte a volar con tus propias alas. Al fin y al cabo, aunque decidamos enfocar nuestra vida en función de la visión que tienen los demás, nunca lograremos satisfacerlos a todos, porque habrá tantas opiniones como personas, así que, de todas maneras, siempre habrá alguien inconforme, dispuesto a señalarte y a criticarte por "no hacer lo correcto".

La importancia de la autoestima radica precisamente en darnos la claridad para saber cuáles son nuestros verdaderos deseos, y avanzar hacia ellos, aunque el mundo se nos venga encima.

Te entiendo: sé que, muchas veces, contemplarnos a nosotros mismos no es tan sencillo como puede parecer; de hecho, muchas personas prefieren pasar toda su vida negando sus verdades más profundas, por miedo a enfrentarse con quienes realmente son. Sin embargo, cuando logramos traspasar esa barrera, logramos adentrarnos en el maravilloso universo de nuestro YO, con todos sus altibajos, sus montañas y sus valles, sus océanos y sus desiertos... Tal y como somos en realidad.

Si te has sentido atrapada y sin salida en algún punto de tu vida, si te identificas con alguna situación de las que has leído aquí, te invito a empezar a amarte, a perdonarte, a abrazar a tu niña interior que aún está esperando que alguien la proteja.

Independientemente de la edad que tenemos, nunca es tarde para hacer cambios en nuestra vida... ¡Lo que cuenta es la voluntad para decidir cómo queremos vivir de aquí en adelante!

No estás sola; hay muchos recursos que te pueden ayudar a ser mejor y que pueden orientarte paso a paso; consigue un grupo de apoyo que te impulse a ser mejor cada día.

Desnudar mi alma, reconocer mis errores, aceptar sus consecuencias y seguir adelante, ha sido lo más liberador que he podido experimentar; puedo asegurarte que, una vez que descubres el camino hacia ti misma, ya nunca querrás desviarte. No hay vuelta atrás.

Cuando comprendemos que nuestra principal misión en esta vida es llegar al núcleo de quiénes somos en realidad, logramos superar el miedo a descubrirlo.

Una de las mayores disyuntivas que hemos enfrentado los seres humanos a lo largo de los siglos es la tensión entre el "ser" y el "deber ser"; esta es la escencia del dilema entre seguir nuestra naturaleza o vivir únicamente de acuerdo al orden establecido.

Como todo en la vida, creo que se trata de un problema de equilibrio, pues todo extremo es peligroso. Por supuesto, no es conveniente ubicarse totalmente del lado de la anarquía, pretendiendo que no hay normas ni límites, pero tampoco es sano dejar totalmente de lado nuestras más profundas necesidades de realización personal.

Cada quien debe descubrir en dónde termina cada una de estas dimensiones, y en dónde comienza la otra. Sin embargo, hay un punto en el que ambas pueden coincidir armónicamente, y en cualquier caso, el indicador para ubicarlo siempre debe ser tu felicidad, tu paz y tu satisfacción.

En la actualidad, puedo decir con orgullo que soy una aventurera, una aprendiz de la vida, una mujer alegre que ha superado sus tristezas; una mujer que pasó 40 años en el desierto de la auto-compasión y la desdicha, y ahora empieza a descubrir la Tierra Prometida.

La vida es un viaje; estar atentos y disfrutar de todo lo que nos toca aprender en este recorrido es, para mí, el único y verdadero despertar.

¡Y cuánto he aprendido!

Aprendí que no decidir también es una decisión...

Aprendí que podía irme con la poca dignidad que me quedaba y empezar a reconstruirme...

Aprendí que existe algo llamado *autoestima*, y que solo yo me la puedo dar...

Aprendí que nunca es tarde para cambiar...

Aprendí que llorar sin propósito no soluciona los problemas ni calma tus pesares...

Aprendí que mi mayor miedo era aprender a ser yo misma...

Aprendí que dejar de compararme era el principio para amarme a mí misma...

Aprendí que, para amarme, necesitaba primero conocerme...

Aprendí que para conocerme, tenía que enfrentarme a mí misma, aceptando mis defectos y reconociendo mis virtudes...

Aprendí que la felicidad relacionada a sucesos, cosas o personas es temporal, pero tú puedes decidir ser feliz solo porque sí...

Aprendí que el desapego duele por unos días, pero todos los días la codependencia duele, hasta que decides soltar...

Aprendí que *libertad* significa *responsabilidad*...

Aprendí que ser víctima todo el tiempo significa tener un ego gigante, creyendo que eres la persona con los problemas más grandes del mundo...

Aprendí que decidir hacer un cambio es sólo el principio de un camino de aprendizaje sin final...

Aprendí que todo se aprende, y el verdadero reto es desaprender lo que no nos sirve para avanzar ...

Aprendí que tengo voz y voto, y no necesito ser el eco de los demás...

Aprendí que la vida es muy corta: cada día que pasa me queda menos tiempo para hacer lo que quiero, y no lo que los demás esperan que haga...

Aprendí que los patrones no se rompen, hasta que decides hacer cosas diferentes...

Aprendí que no importa lo qué pasó ayer. Si hoy decides ser mejor, solo hazlo...

Aprendí que es más fácil perdonar a otro que perdonarte a ti misma, pero que perdonarte a ti misma es la primera muestra de amor verdadero hacia ti...

Aprendí que hay miles de recursos para apoyarme y buscar crecer; desde material increíble en internet, audiolibros, videos, charlas, conferencias enteras, hasta cursos y conferencias presenciales, pero nadie más que yo podía darles la importancia y el espacio para actuar en mi vida...

Aprendí que hay personas a mi alrededor que me quieren como soy; muchas personas a las que les interesa mi bienestar y me apoyan a ser mejor...

Aprendí que el amor puede con todo, excepto con la ignorancia...

Aprendí que cuando hay voluntad y disposición para cambiar, no importan los obstáculos: siempre se encuentra la forma de hacerlo...

Aprendí a perdonar, no porque se lo merezca la persona que me dañó a mí o a mi familia, sino porque eso me libera y me permite seguir viviendo en armonía, sin ataduras al dolor o al rencor...

Aprendí a perdonarme a mí misma, por pensar que era tarde para el cambio, que no iba a poder, por sentirme culpable de las situaciones a mi alrededor, por los errores cometidos, por no hablar a tiempo, por no poner límites, y por tantas otras cosas que había en mi cabeza...

Aprendí que el dolor más grande también trae consigo una lección y una semilla de cambio y crecimiento.

Aprendí que había amado menos a mis padres por hacerlos responsables de mis situaciones...

Aprendí que, desde que me convertí en adulta, yo era total y completamente responsable de mis acciones, de mis decisiones y sus consecuencias, a pesar de que por mucho tiempo me resultó mucho más fácil responsabilizar a otros...

Aprendí que a mi esposo lo amé primero por el enamoramiento, y después por una promesa en la iglesia...

Aprendí que un amor así se puede acabar, y no es el fin del mundo...

Aprendí que la promesa de *"amarte, cuidarte y respetarte todos los días de mi existencia"*, no era para él, sino para mí misma...

Aprendí a mirarme en el espejo
y abrazar a mi niña interior,
que aún me esperaba
con los brazos abiertos…

Hoy sigo aprendiendo a cuidar de ella,
porque se lo merece más que nadie.

Epílogo

¡Cambié mi espejo!

De pequeña, recuerdo haber tenido un espejo....
Un regalo que alguien me hiciera....
Era un espejo viejo... Alguien lo había usado por mucho tiempo.
Se podía ver tallado en algunas partes, opaco casi todo...
Algunas despostilladas, ¡pero aún servía!
—¡Mírate en este espejo! —, las damas de la familia repetían.
Así empezó todo...
Me miré en ese espejo, y vi una niña fea...
Temerosa de que el reflejo me dañara, no quería volver a mirar en el espejo...
Crecí, y la frase repetían alguna tía, la abuela o la vecina;
—¡Mírate en este espejo! —
Volví a asomarme en el espejo, que me devolvía una imagen totalmente escalofriante: una pequeña niña fea, obesa, despeinada y sin gracia...
¡Qué susto!
—Guarda bien ese espejo— pensaba en mis adentros...

Pasaba el tiempo, y la imagen más grotesca se volvía.

Crecí con angustia, viendo como el espejo parecía saber mis miedos.

No podía sonreír, pensando en el reflejo del espejo.

Curiosamente, las chicas de mi edad también poseían su espejo; muy cuidadosamente los guardaban: Unos eran nuevos, muy lindos en la forma y el marco.

Otros finamente decorados: flores, recortes de colores o brillantes…

¡Todas amaban sus espejos!

Muchas alardeaban del lindo reflejo que les mostraban…

Otras no mencionaban nada, pero parecían conformes con lo que en el espejo encontraban.

Al parecer, sólo era yo la que temía al espejo… y callaba por no quedar como una tonta ante esas damas…

No hace falta describir el inmenso miedo que sentía cada vez que al espejo tenía que ver…

El reflejo era simplemente burlón. Me recordaba que la vecina era más linda, la prima más inteligente, mi mejor amiga más delgada….

Mi madre más sabia, y las tías, ¡astutas por demás!

Ese cruel espejo me mostraba todos mis defectos, mis errores, mis temores…

Sabía lo que anhelaba, y se atrevía a decirme que jamás lo lograría… Lo repetía una y otra vez sin cansarse, ¡aunque era viejo!

Me convertí en adulta, triste, apagada y sin ilusiones…

¡Siempre señalada por el espejo!

¡Qué tortura tener que verlo día tras día!

Sin embargo...

Llegó el día en que me cansé de hacerle caso...

¡Decidí revelarme contra el espejo!

Pero él, más me retaba recordando mi pasado; imágenes que guardaba por años me mostraba.

Me atreví entonces a hablar conmigo misma.... me prometí defenderme de las críticas y acusaciones del espejo.

Me decidí a cuidarme a mí misma para evitar que el reflejo del espejo me dañara.

¡Me atreví a sacarlo de mi vida!

Fue un regalo... ¡pero al fin entendí que no tenía por qué tenerlo!

¡Por primera vez experimente la alegría!

¡Qué enorme placer saber que puedo escoger mi propio espejo!

Puedo decidir la forma, el marco, la decoración...

Incluso puedo decidir cuál será el reflejo...

¡Qué dicha tan enorme poder ver a la mujer que había perdido!

Aquella que tenía miedo ver lo grandiosa que ya era;

Esa mujer que día a día, recupera el valor de vivir bien la vida.

¡Qué bendición tan grande darme cuenta de que los defectos no eran tan grandes como el viejo espejo lo decía!

Los errores no eran imperdonables, y lo más importante...

¡no era la única que tenía temor de su reflejo!

Cambié mi viejo espejo...
¡Y hoy soy feliz con mi reflejo!
Me amo, ¡y acepto lo que veo en mi nuevo espejo!
Me encanta cuando le sonrió y me devuelve la sonrisa...
Cada vez que lo veo antes de salir de casa,
mi nuevo espejo me dice que sea valiente,
¡que lograré grandes cosas!
Amo mi nuevo espejo, que me muestra un mundo nuevo...
Me recuerda mis aciertos, mis logros y mis virtudes
Me muestra una amiga que en mí confía...
Cambié de espejo, ¡y ahora amo mi reflejo!

Ángeles
Agosto 2017

Primera Edición
Impreso en USA

www.ingramcontent.com/pod-product-compliance
Lightning Source LLC
Chambersburg PA
CBHW021237090426
42740CB00006B/582